Müsli Mixing

 *Superkerne mit Biss*

Chantal Sandjon

Good Morning!

MORGENMUFFEL ODER EARLY BIRD? EGAL,
WELCHER AUFSTEHTYP DU BIST, MIT MÜSLI
MIXING STARTEST DU IMMER HAPPY IN
DEN TAG. DENN GETREIDE & CO. KÖNNEN
NOCH VIEL MEHR ALS NUR LECKER.

Müsli Loves You

Die Superkörner bringen mit ihren Nährstoffen deine Haut
und Haare zum Strahlen. So healthy und happy hast du
dich noch nie gefühlt.

Wir haben hier für dich das Wichtigste und Aktuellste rund um die
kleinen Kraftprotze gesammelt. Überall erwarten dich happy healthy
Rezepte für Food & Body und geniale Facts & Hacks. Damit kannst du
beim nächsten Bed & Breakfast ordentlich trumpfen. Trau dich! Fang
einfach an. Hier wird ausprobiert, wild experimentiert und neu
entdeckt. Denn Kochen ist nicht nur Nahrungsaufnahme, sondern
Genuss, Lifestyle und macht Spaß! Teile dein Glück unter
#happyhealthykitchen und hol dir ein paar Likes bei deinen Freunden
ab! Denn geteilter Genuss ist doppeltes Glück.

Stay healthy! Feel happy!

Inhalt

Bars, Bites & Energy-Balls

Fancy Goodies

Specials

Bowls, Shakes & Ice

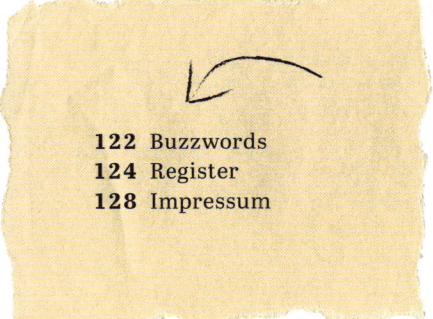

Müsli-Benefits

HAT DEINE MUTTER DIR DAS FRÜHSTÜCK
AUCH IMMER ALS DIE WICHTIGSTE
MAHLZEIT DES TAGES ANGEPRIESEN?
RECHT HATTE SIE – UND AB JETZT WIRD
ES NOCH DAZU DIE LECKERSTE UND
NÄHRSTOFFREICHSTE!

Ganz wie du magst

Müslis können unendlich variiert werden. Du lebst vegan – dann bereite es mit einem pflanzlichen Milchersatz zu. Du verträgst Gluten nicht – dann sind Buchweizen, Hirse, Reis und Amarant das Richtige für dich. Und wenn du deinen Zuckerkonsum reduzieren willst, verwendest du einfach weniger Obst und süßt mit Stevia oder Xylitol.

Nur das Beste für dich

In dein Müsli kommt nur das Beste, was die Natur zu bieten hat. Getreideflocken, Keime und Samen bilden die Basis, Trockenfrüchte und Obst liefern Süße, Nüsse und Superfoods runden alles ab. Dazu gibt es hochwertige Milchprodukte oder vegane Milchalternativen. Keine unnötigen Füllstoffe, keine künstlichen Zusätze, nada. Genial einfach, genial gesund!

Frühstück first!

Ein gesundes Frühstück bringt deinen Stoffwechsel und deine Verdauung in Schwung, versorgt dich mit reichlich Energie für den Tag und ist die beste Waffe gegen das Schokocroissant am Vormittag. Tipp für Morgenmuffel: einen Getreidedrink mixen und trinken, sobald der erste Hunger kommt.

Weil Korn rockt

Neben Kohlenhydraten stecken im vollen Korn besonders viele Ballaststoffe – vor allem in seinen Randschichten. Sie schützen den Darm und fördern die Verdauung. Außerdem halten ihre sekundären Pflanzenstoffe den Cholesterinspiegel niedrig, wirken antikarzinogen, stärken das Immunsystem und schützen vor Entzündungen. Vollkorngetreide versorgt dich außerdem mit einer Reihe von Mineralien wie Zink und Magnesium und ist eine der besten Vitamin-B-Quellen. B-Vitamine sorgen für starke Nerven und gesunde Haut.

High Energy statt Low Carb

Als Dickmacher sind sie verschrien, doch Kohlenhydrate sind die wichtigsten Energiespender der Natur. Außerdem handelt es sich bei den Carbs im Vollkorngetreide primär um Stärke. Diese wird langsam im Körper aufgespalten, sodass sie dich über einen längeren Zeitraum gleichmäßig mit Energie versorgt. Das bedeutet, sie sättigt d ch stundenlang und bewahrt dich vor Crashs im Blutzuckerspiegel – und damit auch vor plötzlichen Heißhungerattacken.

Happy Hirse-Müsli

Glutenfrei, fruchtig, kernig und gesund – so soll ein Frühstück sein! Wenn es morgens mal schnell gehen muss, ist dieses eisenstarke Müsli dein perfekter Start in den Tag.

FÜR 2 PERSONEN
ZUBEREITUNGSZEIT: 5 MIN.
PRO PORTION: CA. 665 KCAL |
17 G E | 31 G F | 80 G KH

→ 70 g Hirseflocken
→ 4 EL gepuffte Hirse
→ 2 EL Rosinen
→ 4 EL Sonnenblumenkerne
→ 2 EL Kokosflocken
→ 1 EL Leinsamen
→ 100 g Heidelbeeren
→ 2 EL Erdbeermarmelade
→ 1 Prise Zimtpulver
→ 300 ml Haferdrink

1. Auf zwei Frühstücksschalen zuerst die Hirseflocken und gepuffte Hirse, dann die Rosinen aufteilen. Sonnenblumenkerne, Kokosflocken und Leinsamen zufügen.

2. Die Heidelbeeren waschen, trocken tupfen und ebenfalls auf die Schalen verteilen. Zum Schluss in jede Schale 1 EL Erdbeermarmelade obendrauf geben und mit etwas Zimt abschmecken.

3. Den Haferdrink dazugeben und vor dem Verzehr alles gut verrühren.

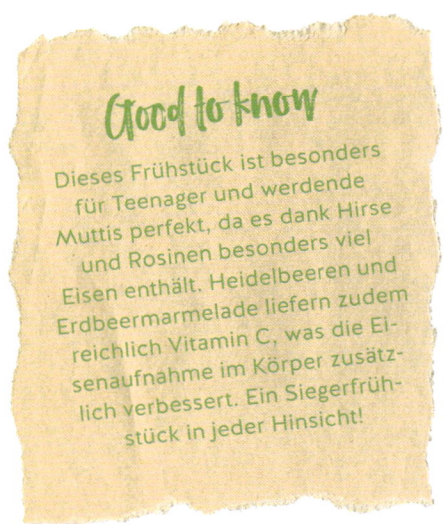

Good to know

Dieses Frühstück ist besonders für Teenager und werdende Muttis perfekt, da es dank Hirse und Rosinen besonders viel Eisen enthält. Heidelbeeren und Erdbeermarmelade liefern zudem reichlich Vitamin C, was die Eisenaufnahme im Körper zusätzlich verbessert. Ein Siegerfrühstück in jeder Hinsicht!

Chia-Cherry-Breakfast

Lecker und glutenfrei zugleich? Aber unbedingt! Dieses leistungssteigernde Müsli ist ein Geschenk für deine Geschmacksnerven! Bereits eine Portion liefert reichlich Eisen, Vitamine und Ballaststoffe.

FÜR 2 PERSONEN
EINWEICHZEIT: 30 MIN. |
ZUBEREITUNGSZEIT: 10 MIN.
PRO PORTION: CA. 505 KCAL |
16 G E | 17 G F | 67 G KH

→ 3 EL Chia-Samen
→ 200 ml Mandeldrink
→ 200 g Kirschen
→ 200 g Vanillejoghurt
  (ersatzweise veganer Joghurt)
→ 60 g Buchweizenflocken
→ 2 EL getrocknete Bananen-Chips
→ 2 EL Goji-Beeren
→ 1 EL Sesam
→ 2 TL Agavendicksaft (nach Belieben)

1. Die Chia-Samen etwa 30 Min. im Mandeldrink einweichen. Das Ganze nach 10 Min. erstmals umrühren, um Klümpchenbildung zu vermeiden.

2. In der Zwischenzeit die Kirschen waschen, trocken tupfen und entkernen. Joghurt auf zwei Schalen verteilen. Die Kirschen, Buchweizenflocken, Bananen-Chips und Goji-Beeren hinzufügen.

3. Nun die eingeweichten Chia-Samen zugeben und Sesam darüberstreuen. Wer es noch süßer mag, der rundet das Müsli mit Agavendicksaft ab.

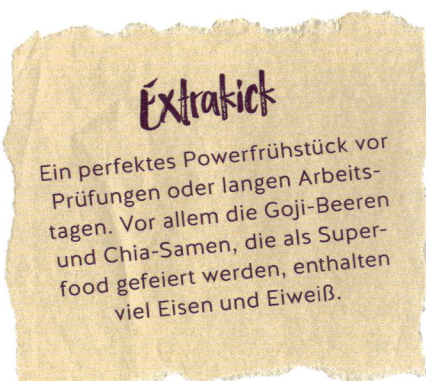

Extrakick

Ein perfektes Powerfrühstück vor Prüfungen oder langen Arbeitstagen. Vor allem die Goji-Beeren und Chia-Samen, die als Superfood gefeiert werden, enthalten viel Eisen und Eiweiß.

Chocolicious Plum-Breakfast

Schokoladen-Müsli muss nicht ungesund sein! Den Beweis liefert dieses unglaublich luxuriöse und gleichzeitig super nährstoffreiche Frühstück, das noch dazu vor Antioxidiantien nur so strotzt.

FÜR 2 PERSONEN
ZUBEREITUNGSZEIT: 15 MIN.
PRO PORTION: CA. 585 KCAL |
13 G E | 30 G F | 60 G KH

→ 40 g Zartbitter-Schokolade
  (ersatzweise Rohkost-Schokolade)
→ 3 Pflaumen
→ 50 g Emmerflocken
→ 4 EL gepoppter Hafer
→ 6 Haselnusskerne
→ 3 EL getrocknete Maulbeeren
→ 1 EL Sesam
→ 1 EL Kokosöl
→ 1 Prise Zimtpulver
→ 350 ml Mandeldrink

1. Schokolade raspeln. Pflaumen waschen, entkernen und in kleine Stücke schneiden. Emmerflocken und Hafer-Pops auf zwei Schalen aufteilen, ebenso die Schokoladenraspeln und die Pflaumenstücke.

2. Haselnusskerne fein hacken und mit den Maulbeeren und dem Sesam zu den Flocken geben. Falls das Kokosöl fest ist, im Wasserbad kurz erwärmen und über das Müsli tröpfeln. Mit etwas Zimt abschmecken und mit Mandeldrink genießen.

Healthy Facts

Emmer ist ein Urkorn, also eine sehr ursprüngliche und alte Getreidesorte, die wenig züchterisch bearbeitet wurde und daher meist auch von Menschen mit Weizenunverträglichkeit vertragen wird. Emmer enthält mehr Protein als herkömmlicher Weizen, besitzt viel Eisen, Zink, Magnesium und Betacarotin. Damit hält es Haut, Augen und Haar rundum gesund, liefert uns zudem viel Energie und Abwechslung in der Müslischale.

Weizen

Nicht so bekannt wie der Kulturweizen aber sehr ursprünglich und weniger überzüchtet sind die Urkörner Einkorn, Emmer und Kamut. Zu Flocken verarbeitet ist Kamut eine besonders proteinhaltige und mineralstoffreiche Müslizutat.

Der robuste Bruder des Weizens kommt ohne nennenswerte Pestizidbelastung daher. Dinkel enthält viel Kieselsäure, die Haut, Haaren und Nägeln Kraft verleiht. Hildegard von Bingen fand ganze 17 Gründe, um Dinkel zu lieben. Wir genießen ihn, weil er schön nussig schmeckt und mehr Vitalstoffe als Weizen besitzt.

All about Müsli

HIER GIBT'S DIE BASICS FÜR DEIN MÜSLI. OB GLUTENFREI, ALS FLOCKEN ODER KORN, GETREIDE IST SO VIELFÄLTIG UND LÄSST SICH SO VIELSEITIG VERWENDEN.

Hafer (glutenfrei erhältlich)

Vielseitig und voller Vitalstoffe ist der Hafer. Er wirkt antientzündlich, ist besonders leicht verdaulich und schmeckt wunderbar nussig. Er ist von allen Getreiden am eiweißreichsten und übertrumpft sie alle hinsichtlich seiner biologischen Wertigkeit. Außerdem schützt er den Magen-Darm-Trakt und entfernt hier nebenbei allerlei Schadstoffe – dem Ballaststoff Beta-Glukan sei Dank!

Hirse (glutenfrei)

Goldhirse liefert dreimal so viel Eisen wie Weizen. 50 Gramm decken bereits den Tagesbedarf. Auch der Kieselsäuregehalt ist herausragend. Daher stärkt Hirse Bindegewebe, Haut, Haare und auch Knochen, mildert Fältchen und fördert die Durchblutung. Das aus Zwerghirse hergestellte Teffmehl schmeckt leicht nussig und eignet sich ideal zum Backen.

Reis (glutenfrei)

Durch seinen hohen Kaliumgehalt entwässert Reis gut (ideal auch bei Bluthochdruck). Seine schleimbildenden Substanzen sind gut für Darm und Verdauung und er ist ein Leichtgewicht was Fett- und Proteingehalt betrifft. Wichtig: Reisflocken müssen etwa 30 Min. eingeweicht werden, bevor du sie im Müsli verwenden kannst.

Mais (glutenfrei)

In Peru gibt es mehr als 40 Sorten und zehn verschiedene Wörter für Mais. Wer kennt hierzulande schon violette oder rote Maissorten? Gen essen lässt er sich aber auch in Gelb – und wegen der vielen Genzüchtungen am besten in Bio. Mais sorgt für einen niedrigen Cholesterinspiegel und besitzt einen hohen Gehalt an den zellschützenden Radikalfängern Betacarotin und Vitamin E.

Vanille-Mango-Müsli

Dieser exotische Fruchtmüsli-Mix wird garantiert jedem Morgenmuffel ein Lächeln ins Gesicht zaubern.

FÜR 2 PERSONEN
ZUBEREITUNGSZEIT: 10 MIN.
PRO PORTION: CA. 645 KCAL |
20 G E | 24 G F | 86 G KH

→ 1 Mango
→ 1 Kiwi
→ 350 ml Vanillejoghurt
   (ersatzweise veganer Joghurt)
→ 60 g Dinkelflocken
→ 4 EL gepuffter Amarant
→ 6 Datteln (entsteint)
→ 40 g gehobelte Mandeln
→ 1 EL Mohnsamen
→ 1 Spritzer Vanilleextrakt

1. Die Mango schälen und das Fruchtfleisch in kleine Würfel schneiden. Die Kiwi waschen, schälen und ebenfalls in kleine Würfel schneiden. Den Joghurt auf zwei Schalen aufteilen, Dinkelflocken, gepufften Amarant, Mango- und Kiwiwürfel hinzugeben.

2. Die Datteln in kleine Stückchen schneiden. Gemeinsam mit gehobelten Mandeln und Mohnsamen zum Müsli geben. Mit etwas Vanilleextrakt abschmecken. Fertig!

Tausch mal

Wenn du keine essreife Mango findest, sind zwei Kakis oder Sharonfrüchte ein guter Ersatz. Diese sind ganzjährig erhältlich und ähneln geschmacklich der Mango. Wichtig ist auch hier, dass sie sehr reif sind, das Fruchtfleisch gibt dann bei Druck stark nach. Sie können gewaschen mit Schale verzehrt werden.

Early-Bird-Oatmeal

Nüsse und Beeren, das Beste aus der Natur! Sie sind nicht nur über den Tag verteilt eine ideale Näscherei, sondern auch die perfekte Ergänzung für jedes Müsli.

FÜR 2 PERSONEN
EINWEICHZEIT: 20 MIN. |
ZUBEREITUNGSZEIT: 15 MIN.
PRO PORTION: CA. 595 KCAL |
15 G E | 25 G F | 75 G KH

→ 100 g kernige Haferflocken
→ 100 g Heidelbeeren
→ 1 Banane
→ 3 EL getrocknete Cranberrys
→ 250 ml Haferdrink (ersatzweise Milch)
→ 1 Pfirsich
→ 50 g Paranusskerne
→ 1 EL Leinsamen
→ 2 TL Agavendicksaft (nach Belieben)

1. Die Haferflocken zunächst ca. 20 Min. in Wasser einweichen. Unterdessen die Heidelbeeren waschen, die Banane schälen und vierteln, mit den Cranberrys in einen Standmixer geben und zu einer dickflüssigen Sauce verarbeiten. Eventuell 3–4 EL Haferdrink zufügen, damit die Konsistenz der Beerensauce stimmt.

2. Den Pfirsich waschen, entkernen und in kleine Würfel schneiden. Anschließend die Haferflocken abtropfen lassen und auf zwei Schalen aufteilen. Die Pfirsichwürfel daraufgeben und die Beerensauce zugießen. Die Paranüsse fein hacken und zusammen mit den Leinsamen über das Müsli streuen.

3. Zum Verzehr den restlichen Haferdrink angießen und bei Bedarf mit etwas Agavendicksaft süßen.

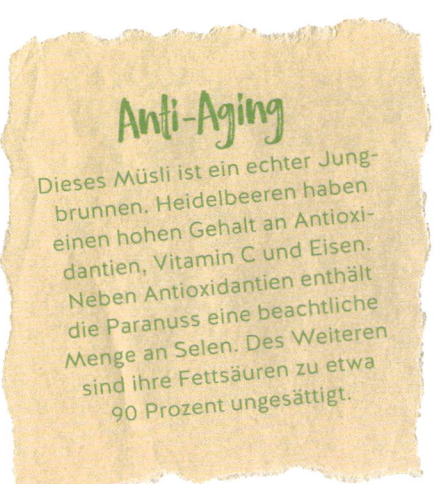

Anti-Aging

Dieses Müsli ist ein echter Jungbrunnen. Heidelbeeren haben einen hohen Gehalt an Antioxidantien, Vitamin C und Eisen. Neben Antioxidantien enthält die Paranuss eine beachtliche Menge an Selen. Des Weiteren sind ihre Fettsäuren zu etwa 90 Prozent ungesättigt.

Immunbooster

Dieses Frühstück eignet sich wunderbar für den Winter. Ingwer und Granatapfel wärmen und stecken voller Nährstoffe, die dein Immunsystem stärken und dich vor allerlei Infektionen schützen.

FÜR 2 PERSONEN
EINWEICHZEIT: 30 MIN. |
ZUBEREITUNGSZEIT: 15 MIN.
PRO PORTION: CA. 410 KCAL |
8 G E | 17 G F | 55 G KH

→ 60 g 3-Korn-Flocken
→ ½ Granatapfel
→ 1 Apfel
→ ½ Zitrone
→ ½ Avocado
→ 4 EL gepoppter Dinkel
→ 1 Stück Ingwer (ca. ½ cm lang)
→ 1 EL Honig
→ 300 ml Mandeldrink

1. Getreideflocken ca. 30 Min. in Wasser einweichen. Granatapfel vierteln und die Kerne herauslösen. Am besten geht das in einer Schüssel voller Wasser. Den Apfel waschen, vierteln, Kerngehäuse entfernen, Apfelviertel reiben und mit etwas Zitronensaft beträufeln. Avocadofleisch aus der Schale lösen und würfeln.

2. Nun die Getreideflocken abtropfen lassen und auf zwei Müslischalen verteilen. Dinkel-Pops dazugeben. Ingwer waschen, fein reiben, auf beide Schalen aufteilen und alles gut verrühren.

3. Geriebenen Apfel, Granatapfelkerne und Avocadowürfel hinzufügen. Etwas Honig über das Müsli träufeln und dann mit dem Mandeldrink genießen.

Nice Try!

Zum Müsli passt ein DIY-Sesam-Hanf-Drink. Er enthält ein Drittel mehr Kalzium als Milch und hochwertiges Hanfprotein. Weiche dazu 2 EL geschälten Sesam und 2 EL geschälten Hanf über Nacht in Wasser ein. Morgens das Wasser abgießen. Samen mit 250 ml frischem Wasser in einem Mixer pürieren. 1 Banane schälen, vierteln und mit 50 g entsteinten Datteln und etwas Zimt ebenfalls in den Mixer geben, fein pürieren, fertig!

>> If you want breakfast in bed, sleep in the kitchen. <<

VERFASSER UNBEKANNT

Öko-Benefits

MACH DIR DEIN MÜSLI SELBST, DENN
DAS BRINGT DIR MEHR SPASS UND
GESCHMACK, WÄHREND ES ZUGLEICH
DIE UMWELT SCHONT. SO SCHMECKT
NACHHALTIGKEIT!

Goodbye Verpackungsmüll

Wir wollen gutes Essen ohne Plastikmüll
zu verursachen. Die Lösung: verpackungs-
freie Supermärkte! Von Berlin über
Leipzig bis München und Wien sind sie im
Kommen. Hier kannst du deine Müslizutaten
in mitgebrachte Behälter abfüllen, und
nimmst dabei auch immer nur genauso viel
mit, wie du brauchst. Doch auch
wer fernab solcher Öko-Paradiese lebt,
kann Müll vermeiden: Kaufe zum Beispiel
trockene Müslizutaten wie Getreide und
Nüsse in großen Vorratspackungen. Übrigens:
Jeder selbst gemachte Riegel spart einen
industriell hergestellten mitsamt Verpackung.

Natürlich gut

Es liegt an dir: Du hältst die Schüssel in deinen Händen und kannst sie mit den besten Zutaten füllen, die die Natur zu bieten hat. Biologisch ist dabei erste Wahl, denn so unterstützt du nicht den hohen Einsatz von Insektiziden und Pestiziden im konventionellen Anbau. Pluspunkt: Biologische Zutaten kommen oft auch mit mehr Geschmack daher. Außerdem besitzen Bio-Obst und Bio-Gemüse erwiesenermaßen mehr Antioxidantien und sekundäre Pflanzenstoffe, sind also echtes Beauty- und Healthfood de luxe.

Saisonal, regional und fair

Nahrungsmittel aus deiner Region sind stets auch saisonal, haben kürzere Transportwege hinter sich und fördern die Landwirtschaft direkt vor deiner Tür. Außerdem freut sich dein Körper, wenn du das Obst der Saison genießt, denn es steht im Einklang mit den Jahreszeiten und deinem Biorhythmus. Ohne Kakao, Bananen, Mangos und Co. musst du dennoch nicht leben. Hier geht es nicht um Verzicht, sondern um bewusstes Genießen. Das macht noch mehr Spaß, wenn die Produkte aus Übersee fair produziert und gehandelt werden. Denn das ist wahre Nachhaltigkeit – nicht nur in Hinblick auf künftige Generationen, sondern auch auf die Menschen im Hier und Jetzt.

Nichts verkommen lassen

Schon mal was von Mundraub und Foodsharing gehört? Das sind Online-Plattformen, in denen Leute freie Essensquellen teilen. Auf www.mundraub.org werden Beerenhecken, Fallobstwiesen und die besten Wildkräuter-Plätze geteilt, auf www.foodsharing.de ein Zuviel an Lebensmitteln in der eigenen Küche zum Abholen angeboten. Großartig, oder? So kannst du Äpfel und Brombeeren für dein Müsli sammeln oder Bananen vor der Tonne retten und dir den Green Banana-Rice-Shake von Seite 116 zubereiten! Und aus all dem kreierst du dann eine Extraportion Breakfast-Goodness, die du mit netten Menschen teilst.

Crunchy Pekan-Granola

Die Mühe lohnt sich! Einmal auf Vorrat gebacken, kannst du nach Lust und Laune crunchy in den Tag starten – und das wesentlich gesünder als mit einem Fertigmüsli aus dem Supermarkt.

FÜR 800 G GRANOLA
ZUBEREITUNGSZEIT: 15 MIN. |
BACKZEIT: 30 MIN.
PRO PORTION (30 G): CA. 145 KCAL |
4 G E | 8 G F | 15 G KH

→ 120 g Pekannusskerne
→ 250 g kernige Haferflocken
→ 80 g Kokosmehl
→ 120 g Buchweizen
→ 60 g Kürbiskerne
→ 3 EL Chia-Samen
→ 1 Prise gemahlener Kardamom
→ 1 Prise Zimtpulver
→ 1 EL Vanilleextrakt
→ 1 Prise Meersalz
→ 6 EL Kokosöl
→ 6 EL Honig (ersatzweise Ahornsirup)
→ 6 EL Apfelsaft
→ 80 g Datteln (entsteint)

1. Den Backofen auf 175° vorheizen. Ein Backblech mit Backpapier auslegen, eventuell zwei Bleche verwenden. Pekannüsse fein hacken. In einer großen Schüssel zusammen mit Haferflocken, Kokosmehl, Buchweizen, Kürbiskernen und Chia-Samen vermengen. Etwas Kardamom, Zimt, Vanilleextrakt und Salz hinzugeben.

2. In einer kleinen Schale Kokosöl mit Honig und Apfelsaft verrühren. Falls das Kokosöl und der Honig zu fest sind, im Wasserbad erwärmen. Das Ganze anschließend über die trockenen Zutaten in der Schüssel gießen und alles gut vermengen. Diese Masse nun auf dem Backblech gleichmäßig verteilen und mit einem Teigschaber festdrücken, sodass sich beim Backen Cluster bilden können. Nun im Ofen ca. 25–30 Min. backen.

3. Inzwischen die Datteln fein hacken. Nach 20 Min. Backzeit das Backblech kurz herausnehmen, Datteln zur Granolamasse geben, untermengen und erneut festdrücken. Alles zu Ende backen, bis es knusprig und golden gebräunt ist. Abgekühlt in Stücke brechen, luftdicht verpacken und innerhalb von 4 Wochen verbrauchen.

Green Love Apple-Granola

Dieses Müsli bekommt auch den Menschen, die mit einer Weizenunverträglichkeit zu tun haben. Und schmecken tut es einfach allen!

FÜR 800 G GRANOLA
ZUBEREITUNGSZEIT: 15 MIN. |
BACKZEIT: 35 MIN. |
KÜHLZEIT: 45 MIN.
PRO PORTION (30 G): CA. 145 KCAL |
5 G E | 7 G F | 14 G KH

→ 250 g kernige Haferflocken
→ 50 g gepuffte Hirse
   (ersatzweise gepuffte Quinoa)
→ 3 EL Leinmehl
→ 80 g Pistazien
→ 80 g Kürbiskerne
→ 3 EL Hanfsamen
→ 50 g Kokosblütenzucker
→ 1 Prise Zimtpulver
→ Salz
→ 150 g Apfelmus
→ 80 g Kokosöl
→ 50 g Ahornsirup
→ 3 EL Weizengraspulver
   (ersatzweise Gerstengraspulver)
→ 80 g Apfelringe

1. Den Backofen auf 175° vorheizen. Ein Backblech mit Backpapier auslegen, eventuell zwei Bleche verwenden. Haferflocken, gepuffte Hirse und Leinmehl in einer großen Schüssel vermengen. Pistazien grob hacken und zusammen mit den Kürbiskernen, Hanfsamen und dem Kokosblütenzucker zum Mix geben. Alles mit Zimt und 1 Prise Salz würzen. Anschließend das Apfelmus untermengen.

2. Kokosöl und Ahornsirup im Wasserbad erwärmen. Weizengraspulver zufügen und gut verquirlen. Flüssige Mischung über die trockenen Zutaten in der Schüssel gießen und alles gut vermengen. Diese Masse nun auf dem Backblech verteilen, mit einem Teigschaber festdrücken und im Ofen (Mitte) ca. 30–35 Min. backen, dabei alle 10 Min. durchrühren und andrücken.

3. Goldbraune Granolamischung komplett auskühlen und trocknen lassen. Unterdessen die Apfelringe in kleine Stücke schneiden. Das ausgekühlte Granola in Stücke brechen und die Apfelstücke untermischen. Luftdicht verpacken und innerhalb von 4 Wochen verbrauchen.

Did you know?

Weizengraspulver besitzt Dutzende von heilenden und nährenden Inhaltsstoffen. Ein Grund hierfür ist, dass sich Getreidegräser im Zwischenstadium zwischen Keimling und Ähre befinden und ihr Chlorophyll- und Enzymgehalt während dieser Phase am höchsten ist. Weizengraspulver schmeckt leicht grasig und hat ein dezentes Lakritz-Aroma. Am besten kaufst du natürlich hochwertige Bioqualität!

Schoko-Granola

Schokolade zum Frühstück: Dekadenz und kindliche Frühstücksfreude – hier findest du beides in einem Müsli.

FÜR 850 G GRANOLA
ZUBEREITUNGSZEIT: 15 MIN. |
BACKZEIT: 30 MIN.
PRO PORTION (30 G): CA. 155 KCAL |
3 G E | 9 G F | 16 G KH

→ 300 g 3-Korn-Flocken
→ 150 g Buchweizen
→ 60 g Kokos-Chips
→ 4 EL Leinsamen
→ 120 g Walnusskerne
→ 3 EL Kokosblütenzucker
→ 70 g Kokosöl
→ 70 g Ahornsirup
→ 50 g Kakaopulver
→ 1 EL Vanilleextrakt
→ Salz
→ 3 EL Kakao-Nibs
→ 3 EL getrocknete Cranberrys

1. Den Backofen auf 175° vorheizen. Ein Backblech mit Backpapier auslegen, eventuell zwei Bleche verwenden. Getreideflocken, Buchweizen, Kokos-Chips und Leinsamen in einer großen Schüssel vermengen. Walnusskerne hacken und mit dem Kokosblütenzucker ebenfalls in die Schüssel geben.

2. Kokosöl im Wasserbad erwärmen. Ahornsirup, Kakaopulver, Vanilleextrakt und 1 Prise Salz hinzufügen und alles verquirlen. Die flüssige Masse über die trockenen Zutaten in der Schüssel gießen und alles gut vermengen. Diese Mischung nun auf dem Backblech gleichmäßig verteilen, mit einem Teigschaber festdrücken und im Ofen ca. 20 Min. backen.

3. Das Backblech kurz herausnehmen, die Kakao-Nibs und die Cranberrys zufügen, untermengen und festdrücken. Alles nun weitere 5–10 Min. backen bis es lecker duftet und die Walnusskerne schön geröstet sind.

4. Die Granolamasse abkühlen lassen, auseinanderbrechen und luftdicht verpacken. Granola innerhalb von 4 Wochen verbrauchen.

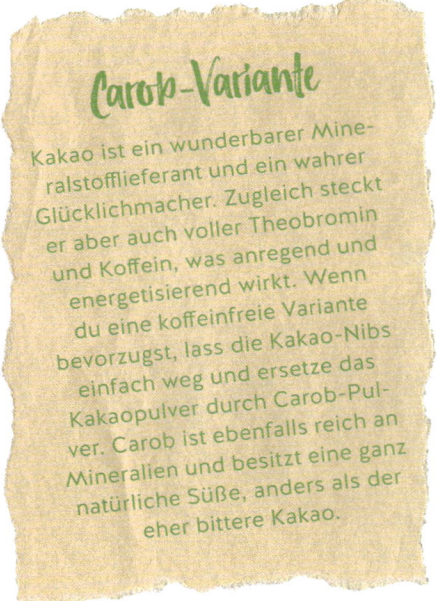

Carob-Variante

Kakao ist ein wunderbarer Mineralstofflieferant und ein wahrer Glücklichmacher. Zugleich steckt er aber auch voller Theobromin und Koffein, was anregend und energetisierend wirkt. Wenn du eine koffeinfreie Variante bevorzugst, lass die Kakao-Nibs einfach weg und ersetze das Kakaopulver durch Carob-Pulver. Carob ist ebenfalls reich an Mineralien und besitzt eine ganz natürliche Süße, anders als der eher bittere Kakao.

Honig-Nuss-Granola

Hier ein Granola für alle, die von Nussgeschmack einfach nicht genug bekommen können! Es besteht nämlich fast ausschließlich aus Nüssen und enthält kein Getreide – ist also glutenfrei!

FÜR 850 G GRANOLA
ZUBEREITUNGSZEIT: 15 MIN. |
BACKZEIT: 30 MIN.
PRO PORTION (30 G): CA. 170 KCAL |
3 G E | 13 G F | 10 G KH

→ 300 g Nussmischung (nach Belieben; z.B. Cashewkerne, Hasel- und Walnusskerne)
→ 100 g gehobelte Mandeln
→ 100 g Buchweizenflocken
→ 50 g Sesam
→ 50 g Chia-Samen
→ 3 EL Kokosmehl
→ 3 EL Kokosblütenzucker
→ Salz
→ 1 Prise Zimtpulver
→ 80 g Kokosöl
→ 80 g Honig
→ 80 g getrocknete Kirschen

1. Den Backofen auf 175° vorheizen. Ein Backblech mit Backpapier auslegen, eventuell zwei Bleche verwenden. Nüsse grob hacken und in eine große Schüssel geben. Mandeln, Buchweizenflocken, Sesam, Chia-Samen, Kokosmehl und Kokosblütenzucker hinzugeben. Schließlich 1 Prise Salz und etwas Zimt zufügen und alle Zutaten kräftig mischen.

2. Im Wasserbad Kokosöl und Honig erhitzen, verrühren, anschließend über die trockenen Zutaten in der Schüssel gießen und alles gut vermengen. Diese Masse nun auf dem Backblech gleichmäßig verteilen, mit einem Teigschaber festdrücken und im Ofen ca. 20 Min. backen.

3. Das Backblech kurz herausnehmen, die Kirschen zufügen, untermengen und erneut festdrücken. Alles nun weitere 5–10 Min. backen bis es lecker duftet und das Müsli gut gebräunt ist.

4. Die Granolamasse abkühlen lassen, auseinanderbrechen und luftdicht verpacken. Granola innerhalb von 4 Wochen verbrauchen.

Nice to try

Ich mache dieses Granola am liebsten mit Walnusskernen, Pekannüssen und Haselnusskernen. Du kannst alle Arten von Nüssen verwenden, etwa Cashewkerne, Macadamianüsse und Pistazien. Deiner Kreativität sind bei der Komposition eines Nuss-Granolas keine Grenzen gesetzt.

Buchweizen

Lass dich nicht vom Namen verwirren, als Knöterichgewächs ist Buchweizen nicht mit Weizen, sondern mit Sauerampfer und Rhabarber verwandt. Er kann aber ähnlich wie Getreide verwendet werden, schmeckt leicht nussig und steckt voller hochwertiger Proteine.

Quinoa

Die spanischen Eroberer verboten in Südamerika den Anbau von Quinoa, denn sie führten die Kraft der Inka auf das Wunderkorn zurück: Es enthält mehr Protein als Weizen und ist reich an Eisen und Magnesium. Fürs Frühstück eignet sich die besonders milde weiße Sorte.

All about Müsli

DIESE KÖRNER UND SAMEN HABEN'S IN SICH. UNTER DEIN MÜSLI GEMISCHT VERSORGEN SIE DICH MIT AUSREICHEND ENERGIE FÜR DEINEN TAG.

Amarant

Gepufft ist er eine großartige Ergänzung für die Müslischale. Amarant ist besonders nährstoffreich und enthält Ballaststoffe sowie Mineralien. Verglichen mit der gleichen Menge Weizen liefert Amarant das Fünffache an Kalzium und die doppelte Menge an Magnesium. Obendrein ist Amarant eine großartige pflanzliche Eiweißquelle.

Hanf

Hanfsamen bestehen zu 20 bis 30 Prozent aus Protein und liefern alle acht essenziellen Aminosäuren, die der Körper nicht selbst produzieren kann. Auch das Verhältnis von Omega-3- zu Omega-6-Fettsäuren ist hier perfekt, sodass unser Organismus es optimal verwerten kann. Lecker nussig im Geschmack und schön knackig ist Hanf außerdem!

Chia

Klein, schwarz, unscheinbar – und doch liefert Chia Pflanzen-Superkräfte! Chia-Samen sind eine der besten veganen Quellen für essenzielle ungesättigte Fettsäuren und enthalten besonders viel Kalzium. Und weil sie das Zehnfache ihres eigenen Volumens an Flüssigkeit binden können, eignen sie sich perfekt für ein Frühstück, das sättigt ohne zu beschweren.

Leinsamen und Sesam

Streue Leinsamen über dein Müsli und genieße die Magie dieser kleinen Alleskönner. Sie liefern dir viel Omega-3 und noch mehr Ballaststoffe, die deinen Darm schützen und pflegen. Sesam ist eine überraschend gute Mineralstoffquelle – ein Esslöffel im Müsli enthält so viel Kalzium wie 100 ml Vollmilch. Klein, aber oh yeah!

Matcha-Magie im Glas

Dieses glutenfreie Schichtmüsli ist ein Augenschmaus und verwöhnt deine Sinne. Und das funktioniert ganz ohne künstliche Zusätze und Kristallzucker – nur mit dem Besten der Natur.

FÜR 2 PERSONEN
ZUBEREITUNGSZEIT: 15 MIN. |
EINWEICHZEIT: 30 MIN.
PRO PORTION: CA. 685 KCAL |
26 G E | 31 G F | 71 G KH

→ 2 Bananen
→ 4 EL Chia-Samen
→ 220 ml Milch
 (ersatzweise Pflanzendrink)
→ 2 TL Matcha-Pulver
→ 1 Prise Zimtpulver
→ 100 g Erdbeeren
→ 3 Datteln
→ 250 ml Vanillejoghurt
 (ersatzweise veganer Joghurt)
→ 3 EL Pistazien
→ 4 EL gepoppte Quinoa

1. Für den Chia-Pudding 1 Banane schälen und mit einer Gabel zerdrücken. In einem Schälchen mit Chia-Samen, Milch, Matcha-Pulver und etwas Zimt mischen. Beiseite-stellen und 30 Min. andicken lassen. Dabei nach etwa 10 Min. umrühren, damit keine Klümpchen entstehen.

2. Für die Erdbeersauce die Erdbeeren waschen, das Grün entfernen und die Beeren halbieren. Die zweite Banane schälen, die Datteln entsteinen und alles im Standmixer oder mit dem Pürierstab fein pürieren. Eventuell 1–2 TL Wasser zugießen.

3. Wenn der Chia-Pudding angedickt ist, in zwei Gläsern abwechselnd Pudding, Vanillejoghurt und Erdbeersauce schichten. Für das Topping Pistazien klein hacken. Das Schichtmüsli mit gepoppter Quinoa und den gehackten Pistazien krönen.

Variante für Kenner

Ähnlich reich an Chlorophyll aber mit zusätzlicher De-tox-Wirkung ist diese Variante mit Spirulina. Dazu einfach das Matcha-Pulver durch 2 TL Spirulina-Pulver ersetzen. Spirulina ist eine Blaualge und agiert unter Wasser als absoluter Allesreiniger. Ebenso entgiftend wirkt sie auf unseren Körper. Geruch und Geschmack sind jedoch gewöhnungsbedürftig, deshalb ist diese Variante wirklich nur etwas für hartgesottene Grünlinge!

Berry-Chocolate-Morning-Dream

FÜR 2 PERSONEN
ZUBEREITUNGSZEIT: 20 MIN.
PRO PORTION: CA. 670 KCAL |
14 G E | 33 G F | 79 G KH

→ 300 ml Haferdrink
→ 40 g Zartbitter-Schokolade
→ 3 EL Agavendicksaft
→ 2 TL Vanilleextrakt
→ 1 Prise Zimt
→ 50 g Dinkelgrieß
→ 150 g Himbeeren
→ 60 g Cashewkerne
→ 3 EL Traubensaft
→ 4 EL gepoppter Dinkel
→ 2 EL Kakao-Nibs

1. Den Haferdrink in einem mittelgroßen Topf erhitzen. Schokolade in Stücke brechen und hinzugeben. 1 EL Agavendicksaft, Vanilleextrakt und etwas Zimt zufügen. Umrühren und den Dinkelgrieß einstreuen, sobald die Flüssigkeit zu kochen beginnt. Bei geringer Hitze unter Rühren 5–8 Min. aufquellen lassen.

2. Himbeeren waschen, trocken tupfen und ein Drittel der Beeren zusammen mit den Cashewkernen und 2 EL Agavendicksaft in einen Standmixer geben. Etwas Traubensaft hinzufügen, um den Mixvorgang zu erleichtern. Alles zu einer zähflüssigen Masse pürieren.

3. Den fertigen Dinkelgrieß, die rosa Cashewcreme und die restlichen Himbeeren in zwei Gläser schichten. Mit Dinkel-Pops und Kakao-Nibs toppen.

Healthy Facts

Hildegard von Bingen sang einst wahre Loblieder auf den Dinkel. Für die Benediktiner-Äbtissin war es das »beste Getreidekorn« überhaupt. Sie sprach ihm eine Reihe an Heilwirkungen zu, etwa Stimmungssteigerung, einen blutreinigenden Effekt und die Förderung der Verdauung.

Mango-Spinat-Schichtmüsli

Ein glutenfreies und fruchtiges Frühstücksmüsli für einen sanften Start in den Tag! Das Plus an Chlorophyll liefert obendrein ein Mini-Detox. Übrigens: Lässt du die Reisflocken über Nacht im Reisdrink quellen, ist das Müsli morgens schnell fertig.

FÜR 2 PERSONEN
ZUBEREITUNGSZEIT: 10 MIN. |
EINWEICHZEIT: 30 MIN.
PRO PORTION: CA. 350 KCAL |
8 G E | 11 G F | 54 G KH

→ 40 g Reisflocken
→ 70 ml Reisdrink
→ 1 Mango
→ 1 kl. Handvoll Blattspinat
  (ersatzweise Baby-Blattspinat)
→ 100 g griechischer Joghurt
  (ersatzweise veganer Joghurt)
→ 2 TL Honig
→ 100 g Heidelbeeren
→ 3 EL gepoppter Amarant
→ 1 EL Kürbiskerne

1. Die Reisflocken etwa 30 Min. im Reisdrink quellen lassen.

2. Für den Mangomix die Mango schälen, das Fruchtfleisch würfeln und in einen Standmixer geben. Spinat waschen, grob hacken und hinzufügen. Etwa 3 EL Wasser zugießen und alles fein pürieren. Falls nötig, noch etwas Wasser hinzugeben. Mix zur Seite stellen und den Aufnahmebehälter des Mixers mit Wasser ausspülen.

3. Die aufgequollenen Reisflocken nun mit Joghurt und Honig im Mixer pürieren. Heidelbeeren waschen und trocken tupfen.

4. In zwei Gläsern abwechselnd eine Schicht Mangomix, Reisjoghurt und Heidelbeeren geben. Abschließend mit Amarant-Pops und Kürbiskernen bestreuen.

Good to know

Mangos bekommst du hierzulande nur mit viel Glück in voller Reife. Doch das ist kein Problem, da du die harten Früchte bei Zimmertemperatur nachreifen lassen kannst. Richtig lecker und reif sind sie erst, wenn sie auf Druck stark nachgeben. Diese Prozedur lohnt sich auf jeden Fall – nicht nur geschmacklich: Mangos enthalten besonders viel Provitamin A, reichlich B-Vitamine und Eisen.

>> Da ist ein Morgen in deinem Inneren, der nur darauf wartet, in Licht aufzubrechen. <<

RUMI

Bananen-Hafer-Porridge

FÜR 2 PERSONEN
ZUBEREITUNGSZEIT: 20 MIN.
PRO PORTION: CA. 385 KCAL |
9 G E | 16 G F | 50 G KH

→ 90 g zarte Haferflocken
→ 2 reife Bananen
→ 200 ml Vollmilch
  (ersatzweise Pflanzendrink)
→ 1 EL Kokosöl
→ 2 TL Rohrohrzucker
→ ½ TL Zimtpulver
→ 2 EL Sonnenblumenkerne
→ 70 g Heidelbeeren
→ ⅓ Ananas

1. Etwa 200 ml Wasser in einen mittel-großen Kochtopf gießen und zum Kochen bringen. Nun die Haferflocken zufügen und bei schwacher Hitze köcheln lassen. Die Bananen schälen, 1 Banane mit einer Gabel zerdrücken und mit einem Kochlöffel in den Porridge rühren.

2. Nach etwa 3 Min. die Milch angießen, umrühren und weitere 4–5 Min. köcheln lassen. Unterdessen die zweite Banane in 1 cm dicke Scheiben schneiden, Kokosöl in einer kleinen Pfanne erhitzen und die Bananenscheiben von beiden Seiten etwa 2 Min. anbraten. Zum Schluss mit etwas Rohrohrzucker bestreuen.

3. Wenn der Porridge schön cremig ist, den Topf vom Herd nehmen, gebratene Banane, etwas Zimt und einige Sonnenblumen-kerne hinzufügen.

4. Die Heidelbeeren waschen, trocken tupfen, die Ananas schälen und würfeln. Den Porridge auf zwei Schalen verteilen und mit dem Obst »on top« servieren.

Grüner Hirse-Porridge mit Feigen

Jeder Löffel dieses Porridges begeistert! Das glutenfreie Beauty-Food schmeckt super und tut nicht nur dem Magen gut, sondern auch Haut, Haaren und Knochen. Kein Wunder, denn Hirse ist unsere Hauptnahrungsquelle für Kieselsäure.

FÜR 2 PERSONEN
ZUBEREITUNGSZEIT: 20 MIN. |
EINWEICHZEIT: 2 STD. (ÜBER NACHT)
PRO PORTION: CA. 450 KCAL |
14 G E | 11 G F | 72 G KH

→ 100 g Hirseflocken
→ 250 ml Mandeldrink
→ 1 Stück Bio-Ingwer (ca. 2 cm lang)
→ 1 EL Honig
→ 1 EL Weizengraspulver
→ 2 Feigen
→ 1 Kaki
→ 3 EL geschälte Hanfsamen

1. Die Hirseflocken in einem mittelgroßen Topf in der doppelten Menge Wasser mind. 2 Std. oder einfach über Nacht einweichen. Das Einweichwasser abgießen und nun den Mandeldrink sowie etwa 200 ml Wasser hinzufügen. Alles unter Rühren zum Kochen bringen. Abdecken und etwa 5–7 Min. bei schwacher Hitze köcheln lassen.

2. Den abgedeckten Topf vom Herd nehmen. Ingwer reiben und etwa 2 TL zum Porridge geben. Honig und Weizengraspulver ebenfalls zufügen und alles gut vermengen. Den Topf erneut abdecken und in der Zwischenzeit die Feigen und die Kaki waschen und würfeln.

3. Den Porridge auf zwei Schälchen aufteilen, Obst und Hanfsamen darübergeben und genießen.

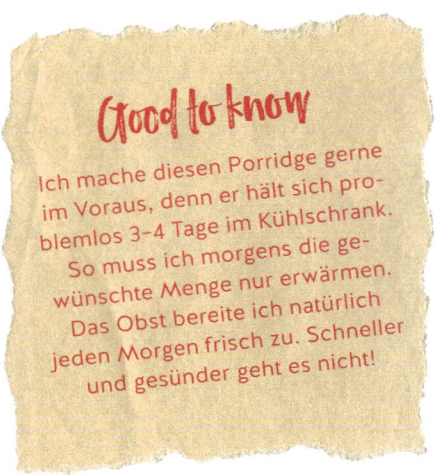

Good to know

Ich mache diesen Porridge gerne im Voraus, denn er hält sich problemlos 3–4 Tage im Kühlschrank. So muss ich morgens die gewünschte Menge nur erwärmen. Das Obst bereite ich natürlich jeden Morgen frisch zu. Schneller und gesünder geht es nicht!

Kokos-Kürbis-Porridge

Wenn die Kürbissaison beginnt, mische ich am liebsten überall etwas Kürbis hinein, in den Smoothie genauso, wie in den Salat. Und auch der morgendliche Porridge erstrahlt dann in echter Pumpkin-Magie!

FÜR 2 PERSONEN
ZUBEREITUNGSZEIT: 30 MIN. |
KOCHZEIT: 20 MIN.
PRO PORTION: CA. 585 KCAL |
12 G E | 35 G F | 53 G KH

→ 200 g Hokkaido-Kürbis
→ 1 Apfel
→ 200 g Kokosmilch
→ 70 g zarte Haferflocken
→ 40 g getrocknete Cranberrys
→ 1 Prise frisch geriebene Muskatnuss
→ 1 Prise Zimtpulver
→ 1 EL Ahornsirup
→ 2 EL Kokos-Chips
→ 1 EL Kürbiskerne

1. Den Kürbis waschen, entkernen und in kleine Stücke schneiden. In einen Kochtopf mit 300 ml Wasser geben und auf mittlerer Hitze 10 Min. köcheln lassen. Inzwischen den Apfel waschen, vierteln, das Kerngehäuse entfernen und würfeln. Nach 5 Min. zum Kürbis in den Topf geben.

2. Anschließend den Topf vom Herd nehmen, Topfinhalt mit einem Pürierstab fein pürieren und den Topf zur Seite stellen.

3. Kokosmilch und 100 ml Wasser in einem weiteren Topf erhitzen. Wenn die Flüssigkeit zu kochen beginnt, Haferflocken unter Rühren einstreuen. Köchelnd andicken lassen, dabei immer mal wieder umrühren, damit der Porridge nicht anbrennt.

4. Nach 5 Min. die Cranberrys und den Kürbisbrei zugeben und einrühren. Je 1 Prise Muskatnuss und Zimt sowie etwas Ahornsirup zufügen und alles weitere 3 Min. köcheln lassen.

5. Auf zwei Schälchen verteilen, mit einigen Kokos-Chips und Kürbiskernen garnieren und noch warm servieren.

Amarant-Porridge mit Goji-Beeren-Power

FÜR 2 PERSONEN
ZUBEREITUNGSZEIT: 40 MIN. |
KOCHZEIT: 30 MIN.
PRO PORTION: CA. 390 KCAL |
13 G E | 17 G F | 45 G KH

→ 50 g Sonnenblumenkerne
→ 70 g Amarant
→ Salz
→ 3 Pflaumen
→ 1 Orange
→ 1 EL Agavendicksaft
→ 100 ml Mandeldrink
→ 2 EL Goji-Beeren

Nice Try!

Ab Ende August und den Herbst hindurch kannst du diesen Porridge auch gut mit selbst gepflückten Holunderbeeren zubereiten. Verwende hierzu einfach etwa 150 g gewaschene Holunderbeeren anstelle der Pflaumen, mixe sie mit den Sonnenblumenkernen und den restlichen Zutaten und gebe die Mischung mindestens 5 Min. vor Ende der Kochzeit zum Amarant dazu, um sie noch etwas mitköcheln zu lassen.

1. Sonnenblumenkerne etwa 30 Min. in reichlich Wasser einweichen.

2. Inzwischen Amarant unter heißem Wasser reinigen und mit 180 ml Wasser in einem Topf zum Kochen bringen. 1 Prise Salz hinzufügen und bei geringer Hitze 30 Min. abgedeckt quellen lassen.

3. Gegen Ende der Kochzeit die Sonnenblumenkerne weiter zubereiten: Dazu das Einweichwasser abgießen und die Kerne in einen Standmixer geben. Die Pflaumen waschen, entkernen, vierteln, die Orange halbieren, den Saft auspressen und mit Agavendicksaft und Mandeldrink ebenfalls in den Mixer geben. Alles fein pürieren.

4. Den Amarantbrei vom Herd nehmen, Pflaumenmix hinzugeben, alles vermengen und auf zwei Schalen verteilen. Mit Goji-Beeren garniert genießen.

Müsli-Facts

ALLES, WAS DU SCHON IMMER ÜBER KÖRNER IN ALL IHREN FORMEN WISSEN WOLLTEST. SO GLÄNZT DU BEI JEDEM BRUNCH MIT WISSENSHÄPPCHEN!

Das Wort Cerealien kommt vom lateinischen Namen »Ceres«, so heißt die römische Fruchtbarkeitsgöttin des Ackerbaus.

Die guten Inhaltsstoffe von Getreide verteilen sich im ganzen Korn. Deshalb Vollkornprodukte nehmen.

Getreide ist eine der besten Nahrungsquellen für Ballaststoffe.

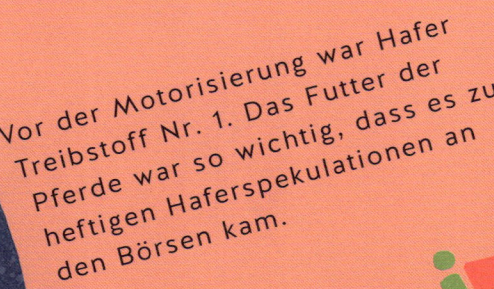

Vor der Motorisierung war Hafer Treibstoff Nr. 1. Das Futter der Pferde war so wichtig, dass es zu heftigen Haferspekulationen an den Börsen kam.

Das Bircher-Müsli wurde um 1900 vom Schweizer Arzt Dr. Bircher-Benner für seine Patienten entwickelt.

Getreide begleitet uns als Grundnahrungsmittel seit rund 10 000 Jahren, also seit unsere Vorfahren sesshaft wurden und begannen Ackerbau zu betreiben.

Cornflakes waren auch an Bord der Apollo 11 bei ihrer legendären Mondlandung.

Die ersten industriell hergestellten Frühstücks-Cerealien kamen 1863 auf den amerikanischen Markt, hießen »Granula« und mussten vor dem Genuss über Nacht eingeweicht werden.

CORN FLAKES

Dr. John Harvey Kellogg entwickelte 1894 die klassischen Cornflakes als Bestandteil eines Ernährungsplans zur Reduzierung des Sexualtriebs.

Den gesunden Granola-Mix aus Haferflocken, Früchten und Nüssen haben die Hippies in den USA der 1960er-Jahre erfunden.

Einige fertige Frühstücks-Cerealien bestehen zur Hälfte aus Zucker – so viel wie in den süßesten Schokoladentafeln steckt!

Overnight-Oats mit Hanf

Eine ordentliche Ladung Eiweiß liefert dir dieses Frühstück. Gleichzeitig schmeckt es aber um Längen besser als ein herkömmlicher Eiweiß-Shake. Und vollkommen natürlich ist es auch!

FÜR 2 PERSONEN
ZUBEREITUNGSZEIT: 10 MIN. |
EINWEICHZEIT: 8 STD. (ÜBER NACHT)
PRO PORTION: CA. 535 KCAL |
23 G E | 15 G F | 63 G KH

→ 80 g zarte Haferflocken
→ 250 ml Milch
   (ersatzweise Pflanzendrink)
→ 70 g Apfelmus
→ 2 EL Hanfmehl
→ 1 Prise Zimtpulver
→ 1 Apfel
→ ½ Zitrone
→ 1 EL Honig
→ 2 EL geschälte Hanfsamen
→ 3 EL Goji-Beeren

1. Die Haferflocken in ein Einmachglas oder eine Schüssel geben. Milch und Apfelmus hinzugeben und alles gut vermengen. Hanfmehl und etwas Zimt hineinrühren. Abgedeckt im Kühlschrank über Nacht quellen lassen.

2. Am nächsten Morgen den Apfel waschen und reiben. Den Saft der ½ Zitrone auspressen, zum geriebenen Apfel geben und alles gut vermengen. Das Apfelmus unter die Overnight Oats heben, auf zwei Schalen verteilen, mit Honig beträufeln und mit Hanfsamen und Goji-Beeren garniert servieren.

Good to know

Hanfmehl entsteht bei der Pressung von Hanföl, ist also naturbelassen und – weil es ja quasi ein Nebenprodukt ist – auch relativ günstig. Zugleich enthält es wie Hanfsamen hochwertiges Protein mit allen essenziellen Aminosäuren. Teures Proteinpulver ist also nicht zwingend notwendig – Hanfmehl besteht nämlich zu etwa 30 Prozent aus Eiweiß und lässt sich wunderbar ins Müsli oder in den Smoothie mischen.

Red-Grapes-Overnight-Oats

Rote Trauben sind reich an Antioxidantien und schmecken gerade in dieser Kombination mit Kokosmilch und Haselnusskernen einfach nur göttlich.

FÜR 2 PERSONEN
ZUBEREITUNGSZEIT: 10 MIN. |
EINWEICHZEIT: 8 STD. (ÜBER NACHT)
PRO PORTION: CA. 560 KCAL |
12 G E | 27 G F | 66 G KH

→ 80 g zarte Haferflocken
→ 150 g Kokosmilch
→ 150 g roter Traubensaft
→ 1 Stück Bio-Ingwer (ca. 2 cm lang)
→ 150 g rote Trauben
→ 30 g Haselnusskerne
→ 1 EL Agavendicksaft
→ 2 EL getrocknete Maulbeeren

1. Die Haferflocken in einem Einmachglas oder einer Schüssel gründlich mit der Kokosmilch und dem Traubensaft vermengen. Das Ganze abgedeckt im Kühlschrank über Nacht quellen lassen.

2. Am nächsten Morgen den Ingwer waschen, reiben und etwa 1 TL zur Haferflockenmischung geben. Die Trauben waschen, trocken tupfen und halbieren, die Haselnusskerne grob hacken und beides ebenfalls hinzugeben.

3. Overnight Oats auf zwei Schalen verteilen, mit etwas Agavendicksaft beträufeln und mit Maulbeeren garniert servieren.

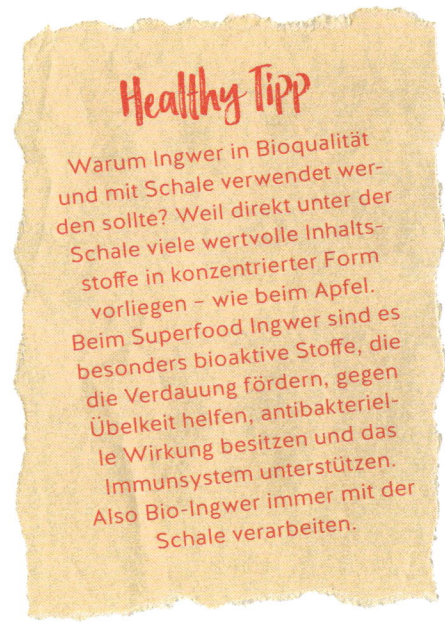

Healthy Tipp

Warum Ingwer in Bioqualität und mit Schale verwendet werden sollte? Weil direkt unter der Schale viele wertvolle Inhaltsstoffe in konzentrierter Form vorliegen – wie beim Apfel. Beim Superfood Ingwer sind es besonders bioaktive Stoffe, die die Verdauung fördern, gegen Übelkeit helfen, antibakterielle Wirkung besitzen und das Immunsystem unterstützen. Also Bio-Ingwer immer mit der Schale verarbeiten.

Minzige Overnight-Flocken mit Nektarinen

Minze erfrischt im Sommer und wärmt im Winter, hilft bei Verdauungsproblemen und beim Reizdarm-Syndrom. Wie du siehst, kann sie viel mehr, als nur lecker sein.

FÜR 2 PERSONEN
ZUBEREITUNGSZEIT: 10 MIN. |
EINWEICHZEIT: 8 STD. (ÜBER NACHT)
PRO PORTION: CA. 325 KCAL |
14 G E | 6 G F | 50 G KH

→ 80 g Kamutflocken
→ 1 EL Chia-Samen
→ 1 EL Hanfmehl
→ 5 Tropfen Minzöl
   (ersatzweise Minz-Extrakt)
→ 250 ml Mandeldrink
→ 3 Stängel Minze
→ 2 Nektarinen
→ 1 EL Honig

1. Kamutflocken, Chia-Samen und Hanfmehl in ein Einmachglas oder eine Schüssel geben, gut mit dem Mandeldrink vermengen und mit einigen Tropfen Minzöl abschmecken. Abgedeckt im Kühlschrank über Nacht quellen lassen.

2. Am nächsten Morgen die Minze waschen, die Blätter abzupfen und fein schneiden. Die Nektarinen waschen und das Fruchtfleisch würfeln. Overnight Oats auf zwei Schalen aufteilen, mit etwas Honig beträufeln und mit Nektarinenwürfeln und Minzblättern »on top« servieren.

Nice Try!

Du kannst die Flocken auch mit einem selbst gemachten Mandeldrink zubereiten. Das spart Verpackungsmüll, erhält alle Nährstoffe der Mandeln und schmeckt besonders cremig. Dazu 3 EL Mandelmus mit 50 g entsteinten Datteln in einen Standmixer geben und mit 500 ml Wasser auffüllen. Alles fein pürieren und anschließend zur Zubereitung der Oats verwenden, der Rest hält sich 3–4 Tage im Kühlschrank.

Crunchy Kakao

Rohe Kakaobohnen und Kakao-Nibs besitzen mehr Antioxidantien-Power als etwa grüner Tee und sind extrem mineralstoffreich: 2 EL (30 g) decken die Hälfte des Tagesbedarfs eines Erwachsenen am Nervenmineral Magnesium. Kakao fördert außerdem die Serotonin-Bildung, das macht glücklich und ausgeglichen.

Spicy Ingwer

Die getrocknete Wurzel einer tropischen Staude verdankt ihre milde Schärfe sekundären Pflanzenstoffen, die entzündungshemmend, antibakteriell und schmerzlindernd wirken. Auch gegen Übelkeit kann Ingwer erfolgreich eingesetzt werden.

Müsli-Wiki

Starke Getreidegräser

Getreidegräser besitzen einen besonders hohen Chlorophyll- und Enzymgehalt und bestehen zu 20 Prozent aus Proteinen. Im Weizengras wurden besonders viele Vitamine und sekundäre Pflanzenstoffe nachgewiesen. Im Gerstengras verbirgt sich Superoxid-Dismutase (SOD), das vor Zellveränderungen schützt.

Tausendsassa Kürbis

Kürbis ist nicht nur unglaublich vielseitig und lecker, sondern steckt auch voller pflanzlicher Heilkräfte und Nährstoffe: Er ist eine großartige Quelle für Betacarotin, Vitamin E und B-Vitamine. Überdies reguliert Kürbis den Säure-Basen-Haushalt, wirkt bei Verstopfung, entwässert und entgiftet.

Healthy Kokos

Die mittelkettigen Fettsäuren der Kokosnuss wandelt dein Körper direkt in Energie um, statt sie auf den Hüften zu deponieren. Außerdem beschleunigt Kokosöl deinen Stoffwechsel und kurbelt deine Fettverbrennung an.

GOJI

Beerenpower

Beeren stecken voller Vitamin C, Magnesium und Antioxidantien. Goji-Beeren enthalten zudem essenzielle Aminosäuren, die der Körper nicht selbst herstellen kann. Der hohe Kalium- und Mangangehalt in Johannis- und Erdbeeren fördert die Fettverbrennung.

Vanilla Vibes

Vanille besitzt eine einzigartige Zusammensetzung an sekundären Pflanzenstoffen, die insgesamt entspannend und beruhigend wirkt. Gerade in stressigen Zeiten ist Vanille deshab nicht nur Luxus, sondern Medizin!

Banana-Bars

Zwischendurch oder am Morgen liefern diese Riegel ein Maximum an Energie und die besten Nährstoffe der Natur in geballter Form. Einfach und schnell zubereitet sind sie obendrein.

FÜR 6 RIEGEL
ZUBEREITUNGSZEIT: 15 MIN. |
KÜHLZEIT: 1 STD.
PRO PORTION: CA. 135 KCAL |
3 G E | 5 G F | 19 G KH

→ 50 g Datteln
→ 60 g getrocknete Bananen
→ 50 g Cashewkerne
→ 30 g Kamutflocken
   (ersatzweise Dinkelflocken)
→ 1 EL Kokosöl

AUSSERDEM
→ Kastenform (ca. 25 × 11 cm)

1. Datteln entsteinen und mit den Bananen klein schneiden, in eine Küchenmaschine oder einen Blitzhacker geben und mit den restlichen Zutaten zu einer zähflüssigen Masse verarbeiten.

2. Die Kastenform großzügig mit Frischhaltefolie auslegen, sodass sie an den Rändern übersteht. Die Masse hineingeben und gleichmäßig verteilen. Mit den Händen fest andrücken und mit Folie zudecken.

3. Im Kühlschrank mind. 1 Std. fest werden lassen. Anschließend in Riegel schneiden und gut gekühlt aufbewahren. In Frischhaltefolie eingewickelt halten sich die Riegel im Kühlschrank etwa 1 Woche. Du kannst sie aber auch einfrieren, um sie länger frisch zu halten.

Banana Facts

Bananen liefern schnell viel Energie, entwässern durch ihren hohen Kaliumgehalt und machen dich glücklich(er), indem sie deinen Serotonin-Spiegel erhöhen. Außerdem wirken sie basisch, sind also gerade auch in Zeiten mit viel Stress und wenig Bewegung sehr zu empfehlen.

Buchweizen-Hanf-Riegel mit Goji-Beeren

Hier ist ein Morgenriegel, für den der Backofen aus bleibt. Und anders als die Müsliriegel im Supermarkt stecken sie voller Vitalstoffe.

FÜR 10 RIEGEL
ZUBEREITUNGSZEIT: 10 MIN. |
KÜHLZEIT: MIND. 8 STD. (ÜBER NACHT)
PRO PORTION: CA. 170 KCAL |
5 G E | 9 G F | 16 G KH

→ 40 g Datteln (entsteint)
→ 80 g kernige Haferflocken
→ 40 g Buchweizen
→ 40 g geschälte Hanfsamen
→ 40 g Goji-Beeren
→ 2 EL Chia-Samen
→ ½ TL Zimtpulver
→ Salz
→ 50 g Mandelmus
→ 3 EL Agavendicksaft
→ 3 EL Kokosöl
→ 1 TL Vanilleextrakt

AUSSERDEM
→ Kastenform (ca. 25 × 11 cm)

1. Die Datteln ganz klein schneiden und mit den Haferflocken, Buchweizen, Hanfsamen, Goji-Beeren und Chia-Samen in einer Küchenmaschine vermengen. Mit Zimt und 1 Prise Salz abschmecken und beiseitestellen.

2. In einem kleinen Topf Mandelmus, Agavendicksaft und Kokosöl etwa 3 Min. erhitzen und alles umrühren. Noch warm über die trockenen Zutaten geben und alles gut durchmischen. Am besten geht das mit den Händen.

3. Die Kastenform mit Backpapier auslegen. Die Masse hineingeben, gleichmäßig verteilen und mit den Händen festdrücken. Das Ganze abkühlen lassen und anschließend abgedeckt mind. 30 Min. ins Gefrierfach, noch besser über Nacht in den Kühlschrank stellen.

4. Anschließend in gleich große Riegel schneiden. In Frischhaltefolie eingewickelt halten sich die Riegel im Kühlschrank etwa 1 Woche. Du kannst sie aber auch einfrieren, um sie länger frisch zu halten.

Nice Try!

Diese Riegel schmecken auch unglaublich lecker, wenn du die Hanfsamen durch 40 g gehackte Pistazien und die Goji-Beeren durch 40 g getrocknete Sauerkirschen ersetzt.

Amarant-Energy-Bars

FÜR 12 RIEGEL
ZUBEREITUNGSZEIT: 15 MIN. |
EINWEICHZEIT: 8 STD. (ÜBER NACHT) |
BACKZEIT: 40 MIN. |
ABKÜHLZEIT: 10 MIN.
PRO PORTION: CA. 320 KCAL |
8 G E | 15 G F | 38 G KH

→ 175 g Amarant
→ Salz
→ 100 g zarte Haferflocken
→ 100 g Rosinen
→ 70 g Cashewkerne
→ 2 EL Chia-Samen
→ 1 Prise Zimtpulver
→ 3 EL Kokosöl
→ 3 EL Agavendicksaft
→ 100 g Cashewmus
→ 2 Bananen
→ 100 g Bio-Himbeermarmelade
→ 50 g Pistazien
→ 30 g Kakao-Nibs
→ 40 g Goji-Beeren

1. Amarant über Nacht in 350 ml leicht gesalzenem Wasser einweichen. Morgens das Wasser abgießen und den Backofen auf 180° vorheizen. Ein tiefes Backblech so mit Backpapier auslegen, dass das Backpapier über die Ränder reicht.

2. Amarant zusammen mit den Haferflocken, Rosinen, Cashewkernen und Chia-Samen in der Küchenmaschine vermengen, nicht pürieren, und den Mix dann in eine große Schüssel geben.

3. In einem kleinen Topf unter Rühren Kokosöl, Agavendicksaft und das Cashewmus kurz erhitzen und vermischen. Die Bananen schälen, mit einer Gabel zerdrücken und ins Mus einrühren.

4. Mus über den Amarant-Mix geben und gut vermengen. Auf dem Backblech verteilen und mit den Händen festpressen. Nun 35–40 Min. im Ofen backen. Herausholen und etwa 10 Min. abkühlen lassen.

5. In der Zwischenzeit die Pistazien hacken. Die noch warme Riegelmasse mit Marmelade bestreichen, Kakao-Nibs, Pistazien und Goji-Beeren darauf verteilen und festdrücken. Sobald die Masse komplett ausgekühlt ist, in Riegel schneiden.

6. In Frischhaltefolie eingewickelt halten sich die Energy-Bars im Kühlschrank etwa 1 Woche. Du kannst sie aber auch einfrieren, um sie länger frisch zu halten.

Raw-Realness-Bars

Rohe Superpower ohne Gluten! Diese Riegel bereite ich gerne für besonders intensive Tage vor, an denen ich non-stop Energie brauche und keine Zeit zum Kochen habe.

FÜR 5 RIEGEL
ZUBEREITUNGSZEIT: 15 MIN. |
KÜHLZEIT: 1 STD.
PRO PORTION: CA. 205 KCAL |
4 G E | 10 G F | 23 G KH

→ 120 g Datteln (entsteint)
→ 2 EL gepoppte Quinoa
→ 1 EL Hanfmehl
→ ½ Vanilleschote
→ 50 g Cashewkerne
→ 1 EL Kokosöl
→ 2 EL Kakao-Nibs

AUSSERDEM
→ Kastenform (ca. 25 × 11 cm)

1. Alle Zutaten in eine Küchenmaschine oder einen Blitzhacker geben und zu einer zähflüssigen Masse verarbeiten.

2. Die Kastenform großzügig mit Frischhaltefolie auslegen, sodass sie an den Rändern übersteht. Masse hineingeben und gleichmäßig verteilen. Mit den Händen oder einem Teigschaber fest andrücken und mit der Folie zudecken.

3. Im Kühlschrank mind. 1 Std. festwerden lassen. Anschließend in Riegel schneiden. Im Kühlschrank aufbewahrt sind sie etwa 1 Woche lang genießbar. Du kannst sie aber auch gut einfrieren, um sie länger frisch zu halten.

Crunchy Variante

Du magst lieber Riegel mit mehr Crunch? Gib dazu die Kakao-Nibs nicht mit allen anderen Zutaten in die Küchenmaschine, sondern mische sie erst anschließend unter. Füge außerdem noch 1 EL ungeschälte Hanfsamen bei und vermenge alle Zutaten gründlich.

DIY-Müsli-Guide

AUS DEN FOLGENDEN ZUTATEN KANNST DU DIR DEIN GANZ PERSÖNLICHES MÜSLI MIXEN – GANZ NACH DEINEN EIGENEN VORLIEBEN. DIE FAUSTREGEL BESAGT: DIE BASIS SOLLTE DREI VIERTEL DER GESAMTEN MISCHUNG AUSMACHEN.

Für 300 g Basis-Mix

Das optimale Verhältnis sind 250 g Flocken zu 50 g Pops, Flakes oder Crunchy-Müsli (ohne Zucker oder Zusatzstoffe). Geeignete Zutaten sind Weizen, Dinkel, Roggen und Gerste sowie die Urgetreidesorten Einkorn, Emmer und Kamut. Wer sein Müsli gerne glutenfrei mag, greift zu Buchweizen, Hafer, Hirse, Reis, Mais und Pseudogetreide wie Amarant oder Quinoa.

Plus 100 g Nuts & Co.

Am besten mischst du 60 g Nüsse mit 20 g Trockenfrüchten und 20 g Samen. Wähle dazu Cashewkerne, Erdmandeln, Erdnüsse, Haselnusskerne, Macadamianüsse, Mandeln, Paranüsse, Pekannüsse, Pistazien oder Walnusskerne. Probiere als Trockenobst Ananas, Apfel, Aprikose, Banane, Beeren, Cranberrys, Feigen, Goji-Beeren, Kirschen, Mango, Maulbeeren, Papaya oder Rosinen. Superkerne und -samen sind Chia-Samen, Hanfsamen, Kürbiskerne, Leinsamen, Mohn, Sesam und Sonnenblumenkerne. Toll schmecken auch Kakao-Nibs oder Kokosflocken.

Für den Extrakick

Als Krönung kannst du nach Belieben Süßungsmittel wie Kokosblütenzucker, Rohrohrzucker, Stevia oder Xylitol zu deinem Müsli geben. Mit Gewürzen wie Chiliflocken, Ingwer, Lebkuchengewürz, Vanille und Zimt kannst du das Aroma variieren. Superfood-Pulver wie Acai (reich an Vitamin C), Chlorella (entgiftend), Gerstengras (starker Basenbildner), Hanfprotein (eiweißreich), Maca (leistungssteigernd), Matcha (reich an Antioxidantien), Spirulina (entgiftend) oder Weizengras (Vitaminbombe) machen dein Müsli zum ultimativen Wellness-Food!

Zubereitung, Haltbarkeit & Verwendung

Für den Basis-Mix kannst du nach Herzenslust kombinieren. Als »Add ons« kannst du Nüsse und Samen in einer beschichteten Pfanne rösten. Das bringt noch mehr Geschmack und Aroma. Nüsse und Trockenfrüchte immer schön klein hacken und dann ab damit zum Basismix. Entscheide selbst wie viel und welche Süße, Gewürze und Superfood-Pulver du deinem Müsli verpassen willst. Der Müsli-Mix ist 4 Wochen haltbar, wenn er kühl und trocken gelagert wird. Ideal sind Vorratsbehälter aller Art, etwa eine Keksdose oder auch eine Papiertüte. Zum Frühstück einfach eine Portion Müsli-Mix (ca. 40 g) entnehmen und mit 125 ml Pflanzendrink, Kokos- oder Kuhmilch und frischem Obst servieren! Übrigens, so ein selbst gemixtes Müsli ist auch super zum Verschenken!

>> I love sleep – it's like a time machine to breakfast.<<

VERFASSER UNBEKANNT

Superfood-Superbites

FÜR 20 BITES
ZUBEREITUNGSZEIT: 20 MIN. |
KÜHLZEIT: 30 MIN.
PRO STÜCK: CA. 155 KCAL |
5 G E | 9 G F | 12 G KH

→ 4 EL geschroteter Leinsamen
→ 2 EL Sonnenblumenkerne
→ 50 g zarte Haferflocken
→ 1 Vanilleschote
→ 60 g kernige Haferflocken
→ 40 g Kokosflocken
→ 2 EL Matcha-Pulver (nach Belieben)
→ 125 g Cashewcreme
  (ersatzweise Mandelcreme)
→ 80 g Honig
→ 4 EL geschälte Hanfsamen
→ 4 EL Kakao-Nibs
→ 4 EL Goji-Beeren

1. Leinsamen, Sonnenblumenkerne und die zarten Haferflocken in der Küchenmaschine oder in einem Blitzhacker zu Mehl verarbeiten. Vanilleschote halbieren und dazugeben. Nochmal hacken, bis auch die Schote fein gemahlen ist. Mischung in eine Schüssel geben.

2. Haferflocken, Kokosflocken und Matcha-Pulver dazugeben und alles vermengen. Dann Cashewcreme und Honig zufügen und alles zu einer zähflüssigen Masse verrühren. Hanfsamen, Kakao-Nibs und Goji-Beeren untermengen. Die Masse etwa 30 Min. in den Kühlschrank stellen. Anschließend mit feuchten Händen zu Bällchen rollen und genießen.

3. Luftdicht verpackt und gekühlt sind die Superbites etwa 1 Woche haltbar.

Nice Try!

Diese Bites sind ideal, wenn du morgens einfach nie Zeit zum Frühstücken findest. Du bereitest sie ganz bequem und in aller Ruhe am Wochenende zu und bewahrst sie im Kühlschrank auf. So hast du die ganze Woche über »breakfast to go« griffbereit.

Hot Ginger-Energy-Balls

Harmonisierend und energetisierend zugleich, süß und feurig scharf – diese glutenfreien Ingwer-Bites sind wahre Immunbooster!

FÜR 20 BITES
ZUBEREITUNGSZEIT: 25 MIN. |
KÜHLZEIT: 30 MIN.
PRO STÜCK: CA. 95 KCAL |
3 G E | 6 G F | 6 G KH

→ 30 g Leinsamen
→ 80 g Walnusskerne
→ 50 g Datteln (entsteint)
→ 1 EL Agavendicksaft
→ 130 g Erdnussmus
→ 1 Stück Bio-Ingwer (ca. 2 cm lang)
→ Saft von 1 Limette
→ Chili-Flocken (nach Belieben)
→ 40 g getrocknete Cranberrys
→ 30 g gepuffte Hirse
  (ersatzweise gepuffte Quinoa)

1. Leinsamen und Walnusskerne in einer Küchenmaschine oder einem Blitzhacker zu kleinen Stückchen verarbeiten. Die Datteln klein schneiden, dazugeben und ebenfalls fein zerkleinern.

2. Die Masse in eine Schüssel geben. Agavendicksaft und Erdnussmus zufügen. Ingwer waschen, reiben und 1 EL zur Masse geben. Limettensaft darüberträufeln, nach Belieben einige Chili-Flocken einstreuen und alles kräftig vermischen.

3. Zuletzt die Cranberrys und die gepuffte Hirse untermengen. Falls nötig, einige EL Wasser hinzufügen, um alles zu einer zähflüssigen Masse zu verarbeiten. Die Schüssel etwa 30 Min. in den Kühlschrank stellen, damit die Masse fest wird.

4. Die Schüssel aus dem Kühlschrank nehmen. Zunächst den Teig erneut durchkneten und dann jeweils eine esslöffelgroße Menge Teig zwischen den mit Wasser befeuchteten Handflächen zu einem Bällchen formen. Fertig!

5. Luftdicht verpackt halten sich die Bällchen im Kühlschrank etwa 1 Woche.

Fancy Variante

Wer es besonders farbenfroh und fruchtig mag, kann die Energy-Bällchen nach dem Rollen in rote Vitalstoffbomben verwandeln. Hierzu brauchst du nichts weiter als 4 EL gefriergetrocknete Himbeeren: Die Himbeeren in einer Küchenmaschine oder einem Blitzhacker zu feinem Mehl verarbeiten. Das rote Mehl anschließend auf einem flachen Teller ausstreuen und die Balls darin wälzen. Voilà!

Spirulina-Mandel-Bites

FÜR 20 BITES
ZUBEREITUNGSZEIT: 15 MIN. |
KÜHLZEIT: 30 MIN.
PRO STÜCK: CA. 100 KCAL |
3 G E | 6 G F | 8 G KH

→ 30 g Leinsamen
→ 100 g Mandeln
→ 1 ½ EL Spirulina-Pulver
→ 3 EL Kokosöl
→ 80 g Datteln (entsteint)
→ 80 g getrocknete Feigen
→ 70 g Cornflakes (ungesüßt)
→ 50 g Mandelstifte

We love it!

Die Zubereitung von Bites und Balls bereitet besonders in der Gruppe viel Freude: Mit Freunden oder Familie kann hier gemeinsam gerührt, gehackt und gerollt werden. So wird aus dem Frühstück schnell eine kleine Küchenparty. Nicht nur Kinder lieben das!

1. Leinsamen etwa 10 Min. in warmem Wasser einweichen. In der Zwischenzeit Mandeln in eine Küchenmaschine geben und zu Mehl verarbeiten. Spirulina-Pulver und Kokosöl hinzufügen. Falls nötig, das Kokosöl vorab im Wasserbad erwärmen, damit es wieder flüssig wird. Datteln und Feigen in kleine Stücke schneiden und hinzugeben. Leinsamen in ein Sieb abgießen und ebenfalls zufügen. Alles in der Küchenmaschine vermengen. Wenn nötig, einige EL Wasser dazugeben, bis eine zähflüssige Masse entstanden ist.

2. Cornflakes in eine kleine Tüte füllen, mit der flachen Hand zerdrücken, sodass sie grob zerbröseln und die Brösel in eine Schüssel geben. Den Mix aus der Küchenmaschine hinzufügen, alles gut mischen. Die Masse anschließend etwa 30 Min. im Kühlschrank fest werden lassen.

3. Die Schüssel aus dem Kühlschrank nehmen. Nun jeweils eine esslöffelgroße Menge Teig zwischen den mit Wasser befeuchteten Handflächen zu einem Bällchen formen. Die Mandelstifte auf einem Schneidebrett oder einem flachen Teller verteilen und die Bällchen darin wälzen.

4. Luftdicht verpackt halten sich die Bällchen im Kühlschrank etwa 1 Woche.

Minz-Kakao-Bällchen mit Erdnussmus

Diese Bällchen sind der beste Proviant für unterwegs. Du vermeidest den Verpackungsmüll gekaufter Snacks – und versorgst deinen Körper mit allem, was er für einen guten Start in den Tag benötigt.

FÜR 20 BÄLLCHEN
ZUBEREITUNGSZEIT: 15 MIN. |
KÜHLZEIT: 30 MIN.
PRO STÜCK: CA. 90 KCAL |
4 G E | 6 G F | 6 G KH

→ 100 g zarte Haferflocken
→ 40 g gemahlene Leinsamen
→ 1 TL Vanilleextrakt
→ 125 g Erdnussmus
→ 60 g Ahornsirup
→ 30 g Kakao-Nibs
→ 3 EL Kakaopulver
→ Minz-Extrakt (ersatzweise frische Minzblätter, fein gehackt)

1. Haferflocken, Leinsamen, Vanille, Erdnussmus, Ahornsirup und Kakao-Nibs in einer Schüssel gut vermischen. Dann 1 EL Kakaopulver zufügen und mit Minz-Extrakt abschmecken. Wichtig: Den Minz-Extrakt sparsam verwenden, denn sein Geschmack ist sehr intensiv. Die Schüssel etwa 30 Min. in den Kühlschrank stellen, damit sich die Masse festigt.

2. Die Schüssel aus dem Kühlschrank nehmen. Nun jeweils eine esslöffelgroße Menge Teig zwischen den mit Wasser befeuchteten Handflächen zu einem Bällchen formen. Das restliche Kakaopulver auf einen flachen Teller geben und alle Bällchen darin wälzen.

3. Luftdicht verpackt halten sich die Bällchen im Kühlschrank etwa 1 Woche.

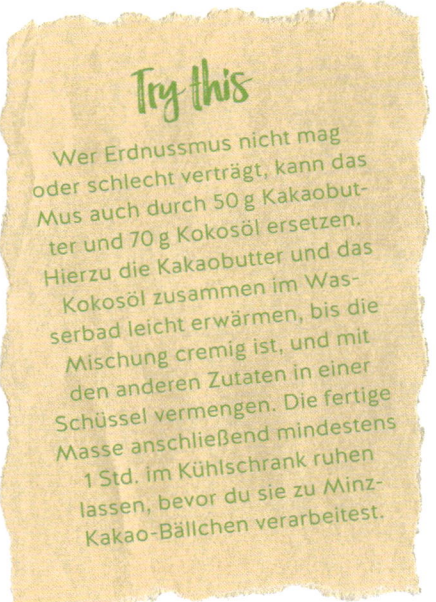

Try this

Wer Erdnussmus nicht mag oder schlecht verträgt, kann das Mus auch durch 50 g Kakaobutter und 70 g Kokosöl ersetzen. Hierzu die Kakaobutter und das Kokosöl zusammen im Wasserbad leicht erwärmen, bis die Mischung cremig ist, und mit den anderen Zutaten in einer Schüssel vermengen. Die fertige Masse anschließend mindestens 1 Std. im Kühlschrank ruhen lassen, bevor du sie zu Minz-Kakao-Bällchen verarbeitest.

Grains To Go

GUTES MÜSLI LÄSST SICH NICHT NUR
ZU HAUSE GENIESSEN. MIT DEN
RICHTIGEN UTENSILIEN KANNST DU
ES FAST ÜBERALLHIN MITNEHMEN.
RICHTIG VERPACKT WIRD ES ZU
EINEM GESCHENK VON HERZEN.

Müsli auf Reisen

Du willst deinem Lieblingsmüsli die weite Welt zeigen
– oder wenigstens deinen Schreibtisch in der Arbeit? Kein
Problem, denn Müslis eignen sich wunderbar als spätes
Arbeitsfrühstück, Picknick-Mitbringsel oder Wanders-
nack. Wenn du vor Ort eine Küche benutzen kannst,
nimmst du am besten eine trockene Müslimischung mit
sowie etwas Obst und Milch oder veganen Milchersatz
– alles hübsch getrennt. Ansonsten kommt das fertige
Müsli einfach in einen gut verschließbaren Behälter.
Zusätzlich einen Löffel in ein kleines Baumwolltuch
einwickeln, schon hast du alles dabei. Zum Glück gibt es
für die herkömmlichen Plastikdosen inzwischen viele
Alternativen beispielsweise aus Glas oder Edelstahl.

Easy Upcycling

Noch besser als eine umweltfreundliche Transportbox für dein Müsli zu kaufen: leere Honig- oder Marmeladengläser einfach recyceln und mit dem Müsli für unterwegs füllen! Das bedeutet null zusätzlichen Energie- oder Ressourcenverbrauch und kostet nichts! Aus einem Schraubglas kann nichts auslaufen: Mach den Test und stell es gefüllt auf den Kopf. Bleibt alles dicht, kannst du dein Frühstück unbesorgt in deiner Handtasche transportieren.

Kuschelig verpackt

Um das Glas unterwegs zu schützen, ist eine selbst gebastelte Hülle perfekt. Ideal dafür: ein ausrangiertes Sweatshirt. Perfekt, wenn das Glas direkt in den Ärmel passt, dann musst du nur ein Stück abschneiden, das in der Länge der Höhe des Glases entspricht (plus Nahtzugabe), und den Saum umnähen. Oder du schneidest ein Stück Sweatshirtstoff zurecht und nähst es zu einem Schlauch zusammen, in den du das Glas schiebst. Kuschelige Cozys für dein Müsliglas kannst du auch häkeln oder stricken! Online findest du zahlreiche DIY-Anleitungen.

Zum Verschenken schön

Ein selbst gemachter Müsli-Mix, den du speziell für einen geliebten Menschen kreierst, ist ein sehr schönes und persönliches Geschenk, das für viel Freude und Power am Morgen sorgt. Stell nach der DIY-Anleitung von Seite 70 ein ganz individuelles Müsli zusammen und fülle es anschließend in eine Papiertüte, ein Vorratsglas oder eine schöne Keksdose. Diese kannst du wunderbar mit Washi-Tape (dekorative Klebebänder aus Reispapier), Farbe, bunten Stoffresten, Fotos oder Bildern aus Zeitschriften und alten Büchern verschönern. So lassen sich übrigens auch Bites, Riegel und Co. verpacken. Handmade with love!

Vegane Teff-Cookies

FÜR 14 COOKIES
ZUBEREITUNGSZEIT: 30 MIN. |
BACKZEIT: 13 MIN.
PRO STÜCK: CA. 155 KCAL |
5 G E | 8 G F | 16 G KH

→ 100 g Apfelmus
→ 1 EL Chia-Samen
→ 3 EL Cornflakes
→ 150 g Teffmehl
→ 1 EL gemahlene Leinsamen
→ 1 TL Vanilleextrakt
→ 1 Prise Ingwerpulver
→ 1 Prise Zimtpulver
→ 1 Prise Nelkenpulver
→ Meersalz
→ 1 TL Backpulver
→ 125 g Mandelmus
→ 60 g Ahornsirup
→ 40 g Mandelstifte
→ 50 g getrocknete Sauerkirschen

1. Den Ofen auf 175° vorheizen und ein Backblech mit Backpapier auslegen.

2. Apfelmus und die Chia-Samen in einer kleinen Schüssel vermischen und beiseitestellen. Cornflakes zerstoßen und mit dem Teffmehl, Leinsamen, Vanilleextrakt, Ingwer-, Zimt- und Nelkenpulver, 1 Prise Meersalz und Backpulver in einer mittelgroßen Schüssel vermengen und ebenfalls beiseitestellen.

3. Mandelmus in einem kleinen Topf langsam schmelzen. Ahornsirup und den Apfelmus-Chia-Mix in den warmen Mandelmus geben und vermengen. Alles etwa 2–3 Min. zusammen erhitzen, dann zu den trockenen Zutaten in der Schüssel geben. Durch Rühren alles gut zu einem zähen Teig vermengen. Falls die Mischung zu dünnflüssig ist, einfach noch etwas Teffmehl hinzufügen. Zuletzt die Mandelstifte und Sauerkirschen untermengen.

4. Etwa 14 Cookies aus dem Teig formen und mit etwas Abstand auf dem Backblech platzieren. Die Cookies mit einem Teigschaber oder einer Gabel ein wenig platt drücken. Nun 10–13 Min. im Ofen (Mitte) backen. Die Cookies sind fertig, wenn sie außen fest, in der Mitte aber noch schön weich sind.

Good to know

Teffmehl besitzt überraschend viel Bindekraft für ein glutenfreies Korn – ideal zum Backen – und liefert hochwertiges Protein sowie reichlich Mineralien.

Grüne Hafer-Heidelbeer-Muffins

FÜR 12 MUFFINS
ZUBEREITUNGSZEIT: 25 MIN. |
BACKZEIT: 30 MIN.
PRO STÜCK: CA. 275 KCAL |
6 G E | 12 G F | 34 G KH

→ 60 g Apfelmus
→ 2 Bananen
→ 100 g zarte Haferflocken
→ 200 ml Mandeldrink
→ 5 EL Kokosöl
→ ½ TL Vanilleextrakt
→ 80 g frischer Spinat
→ 160 g Vollkorn-Weizenmehl
→ 2 TL Backpulver
→ 100 g Rohrohrzucker
  (ersatzweise Kokosblütenzucker)
→ 1 Prise Zimtpulver
→ Salz
→ 150 g Heidelbeeren
→ 200 g Cashewkerne
→ 3 EL Agavendicksaft

AUSSERDEM
→ 12er-Muffinform
→ 12 Papierförmchen oder 1 EL Kokosöl
  zum Einfetten der Form

1. Den Ofen auf 200° vorheizen. Die Muffinform mit den Papierförmchen auslegen oder mit etwas Kokosöl einfetten.

2. Apfelmus in einen Standmixer geben. Die Bananen schälen, vierteln und hinzugeben. Die Hälfte der Haferflocken, Mandeldrink, 2 EL Kokosöl und Vanilleextrakt hinzufügen. Den Spinat waschen, ebenfalls zufügen und alles fein pürieren.

3. Die restlichen Haferflocken, das Mehl, Backpulver, Rohrohrzucker, etwas Zimt und 1 Prise Salz vermengen. Spinat-Mix hinzugießen und alles gut vermischen. Heidelbeeren waschen, trocken tupfen und etwa 100 g vorsichtig unterheben.

4. Den Teig in die Förmchen füllen und die Muffins im Backofen etwa 25–30 Min. backen.

5. Unterdessen das Topping zubereiten: Dazu die restlichen Heidelbeeren in den Mixer geben, Cashewkerne, 3 EL Kokosöl und Agavendicksaft hinzufügen. Fein pürieren, falls nötig ein paar EL Wasser hinzufügen. Das Topping im Kühlschrank aufbewahren und erst kurz vorm Servieren auf die ausgekühlten Muffins streichen.

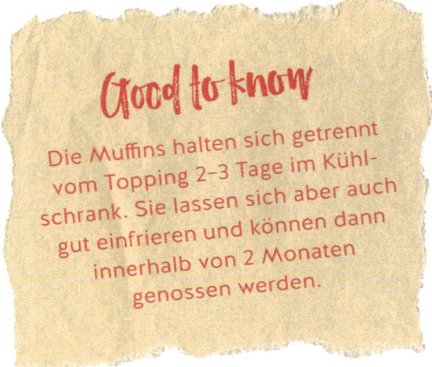

Good to know

Die Muffins halten sich getrennt vom Topping 2–3 Tage im Kühlschrank. Sie lassen sich aber auch gut einfrieren und können dann innerhalb von 2 Monaten genossen werden.

Beeren-Granola-Törtchen

FÜR 4 TÖRTCHEN
ZUBEREITUNGSZEIT: 20 MIN. |
BACKZEIT: 15 MIN. |
KÜHLZEIT: 30 MIN.
PRO STÜCK: CA. 455 KCAL |
9 G E | 29 G F | 39 G KH

FÜR DEN TEIG
→ 4 EL Kokosöl
→ 30 g Walnusskerne
→ 2 EL Sonnenblumenkerne
→ 120 g kernige Haferflocken
→ 1 EL Kokosraspel
→ 3 EL Honig
→ 1 Prise Zimtpulver
→ Salz
→ 1 Msp. Vanilleextrakt

FÜR DEN BELAG
→ 250 g griechischer Joghurt
   (ersatzweise veganer Joghurt)
→ 4 Erdbeeren
→ 1 Handvoll Heidelbeeren
→ 1 Pfirsich
→ 1 EL Honig
→ 2 EL Blütenpollen

AUSSERDEM
→ 4 Tartelette-Förmchen (ca. 10 cm ∅)
→ Kokosöl für die Förmchen

1. Den Ofen auf 160° (Umluft) vorheizen. Die Förmchen mit Kokosöl einfetten.

2. Kokosöl für den Teig, falls es nicht flüssig ist, im Wasserbad erwärmen. Walnusskerne und Sonnenblumenkerne in einer Küchenmaschine oder mit einem Messer fein hacken. Die Mischung mit Haferflocken und Kokosraspeln in eine Schüssel geben und das flüssigen Kokosöl zufügen. Alles vermengen. Honig, je 1 Prise Zimt und Salz hinzugeben. Alles erneut gründlich vermengen und mit etwas Vanilleextrakt abschmecken.

3. Den Teig auf die Tartelette-Förmchen verteilen, mit einem Löffel gleichmäßig in die Förmchen drücken, dabei auch einen Rand stehen lassen. Im Ofen (Mitte) in 15 Min. backen, bis die Hafertörtchen golden gebräunt sind.

4. Die Törtchen aus dem Ofen nehmen und sie, falls nötig, direkt mit einem Löffel leicht in Form drücken. Zunächst auskühlen lassen und erst anschließend vorsichtig aus den Förmchen lösen.

5. Joghurt gleichmäßig auf die Törtchen verteilen. Erdbeeren waschen, das Grün entfernen und die Erdbeeren in Scheiben schneiden. Heidelbeeren waschen und trocken tupfen, Pfirsiche waschen und in feine Scheiben schneiden. Die Törtchen mit etwas Obst garnieren. Zum Abschluss mit ein wenig Honig beträufeln und mit Blütenpollen bestreuen.

Flower Power

Bestreue die Törtchen mit essbaren Blüten wie Lavendel, Löwenzahn, Kornblumen, Stiefmütterchen, Rosen oder Ringelblumen – soooo schööööön!

Fruity freshness

Green-Tea-Chia-Maske

Auch als Beauty-Zutat zur äußerlichen Anwendung eignet sich Chia bestens! Zusammen mit der antibakteriellen Kraft des Honigs und der Anti-Aging-Wirkung von grünem Tee ist Chia ein unschlagbarer Feuchtigkeitsspender.

FÜR 1 ANWENDUNG
→ 2 EL kalter grüner Tee
→ 1 EL Honig
→ 3 EL Chia-Samen

1. Grünen Tee in einem Schälchen mit Honig vermischen. Chia-Samen hinzufügen und alles gut verrühren, 30 Min. quellen lassen und alle 10 Min. umrühren, damit sich keine Klümpchen bilden.

2. Vor der Anwendung die Haut mit lauwarmem Wasser gründlich reinigen. Ideal ist ein Dampfbad vorab, dann nimmt die Haut die Nährstoffe der Maske besser auf.

3. Die Maske in sanft kreisenden Bewegungen auf dem Gesicht auftragen und 3–5 Min. einwirken lassen. Anschließend mit lauwarmem Wasser abwaschen und das Gesicht sanft trocken tupfen.

Pflege zum Trinken

Falls von der Maske etwas übrig bleibt, kannst du einen tollen Drink aus dem Rest machen: Einfach in ein Glas füllen, ein paar Eiswürfel dazugeben, mit grünem Tee auffüllen, etwas Honig zufügen und genießen! Das ist ein unschlagbares Argument für rein natürliche Beauty-Pflege – denn sie pflegt nicht nur, sondern sie schmeckt auch!

Strawberry-Cheesecake-Wraps

Hast du auch manchmal Lust auf was völlig anderes am Morgen? Dann probiere mal diese Breakfast-Wraps. In ihnen kannst du ruck, zuck allerlei gute Nährstoffe verpacken – und Spaß machen sie außerdem.

FÜR 2 WRAPS
ZUBEREITUNGSZEIT: 10 MIN.
PRO PORTION: CA. 475 KCAL |
12 G E | 24 G F | 57 G KH

→ 2 EL Frischkäse
→ 4 EL Quark (40 % Fett)
→ 2 EL Honig
→ 3 Tropfen Vanilleextrakt
→ 2 Vollkorn-Wraps
→ 200 g Erdbeeren
→ 60 g Granola (s. S. 26,28,30) (ersatzweise Knuspermüsli)

1. Frischkäse, Quark, Honig mit Vanilleextrakt abschmecken und in einer kleinen Schale verquirlen. Die Mischung gleichmäßig auf die Wraps streichen.

2. Die Erdbeeren waschen, trocken tupfen, Grün entfernen und die Beeren in schmale Scheiben schneiden und auf den Frischkäsemix schichten. Zum Schluss das Granola auf den Wraps verteilen, die Wraps von einer Seite aus einrollen und vor dem Servieren halbieren.

In the Summertime

Sommer schmeckt nach Erdbeeren: frisch gepflückt oder von deinem Lieblingsstand auf dem Markt. Sie sind auch für unseren Speiseplan eine echte Bereicherung: Erdbeeren besitzen mehr Vitamin C als Zitronen, wirken wundheilend, regen den Stoffwechsel an und bringen den Säure-Basen-Haushalt ins Gleichgewicht. Genuss mit wenig Kalorien und vielen Vitalstoffen – super lecker. Strawberry fields forever!

Erdnussbutter-Frühstücks-Wraps

Erdnussbutter & Marmelade in einem Frühstückswrap mit Basilikum und frischem Obst. Klingt komisch? Ist aber so unglaublich lecker, dass du das unbedingt probieren musst!

FÜR 2 WRAPS
ZUBEREITUNGSZEIT: 20 MIN.
PRO PORTION: CA. 730 KCAL |
17 G E | 35 G F | 91 G KH

→ 1 Nektarine
→ 60 g Himbeeren
→ 1 Banane
→ ½ Avocado
→ 2 Vollkorn-Tortillas
→ 3 EL Erdnussmus
→ 4 EL Bio-Himbeermarmelade
→ 6 EL gepoppter Amarant
→ 4 Stängel frisches Basilikum

1. Die Nektarine waschen und das Fruchtfleisch in feine Scheiben schneiden. Die Himbeeren waschen, trocken tupfen und mit einer Gabel grob zerdrücken. Die Banane und die Avocado schälen und beide in Scheiben schneiden.

2. Die Tortillas in einer beschichteten Pfanne bei niedriger Hitze nacheinander kurz erwärmen und auf je einem Teller ablegen. Das Erdnussmus und die Marmelade darauf verstreichen.

3. Den gepoppten Amarant auf den Wraps verteilen. Das Obst ebenfalls gleichmäßig auf ihnen auslegen. Basilikum waschen, die Blätter abzupfen, klein hacken und darüberstreuen. Nun die Wraps vorsichtig zusammenrollen und halbieren.

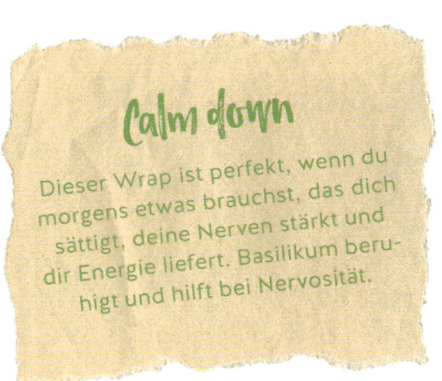

Calm down

Dieser Wrap ist perfekt, wenn du morgens etwas brauchst, das dich sättigt, deine Nerven stärkt und dir Energie liefert. Basilikum beruhigt und hilft bei Nervosität.

>> Waking up this morning, I smile. 24 brand new hours are before me. I vow to live fully in each moment. <<

THICH NHAT HANH

Almond-Blueberry-Pancakes

FÜR 10 KLEINE PANCAKES
ZUBEREITUNGSZEIT: 30 MIN.
PRO STÜCK: CA. 215 KCAL |
6 G E | 11 G F | 21 G KH

→ 100 g Heidelbeeren
→ 2 reife Bananen
→ 170 ml Mandeldrink
→ 120 g zarte Haferflocken
→ 90 g Vollkornmehl
→ 2 EL geschrotete Leinsamen
→ 3 EL gemahlene Mandeln
→ 2 EL gehobelte Mandeln
→ 1 TL Backpulver
→ 2 EL Rohrohrzucker
→ Salz

AUSSERDEM
→ 3 EL Kokosöl zum Braten

1. Die Heidelbeeren waschen, trocken tupfen und in eine Schüssel geben. Die Bananen schälen, vierteln und zusammen mit dem Mandeldrink und den Haferflocken in einem Standmixer pürieren. Das Püree anschließend zu den Heidelbeeren geben und alles vermengen.

2. Haferflocken, Mehl, Leinsamen, gemahlene Mandeln, Mandelhobel, Backpulver, Zucker und 1 Prise Salz vermischen, eine Mulde in der Mehlmischung formen und den Heidelbeer-Mix hineinschütten. Alles gut miteinander vermengen.

3. Etwas Kokosöl in einer großen Pfanne erhitzen. Je 2–3 EL vom Pancake-Teig – pro Pancake 1 EL Teig – in die heiße Pfanne geben, und die Pfannkuchen 2–3 Min. von jeder Seiten ausbacken. Fertige Pancakes im Backofen bei 60° warm halten.

Und dazu?

Obstsalat passt perfekt zu dieser süßen Mahlzeit. Wasche und schneide hierzu 1 Birne, 2 Kakis, 1 Banane und 1 Drachenfrucht. Entkerne 150 g Kirschen und mische alles mit 3 EL Apfelsaft in einer Schüssel. Pancakes mit etwas Kokosöl und viel Obstsalat – that's it!

Hafer-Avocado-Peeling

In diesem sanften Hafer-Peeling steckt die geballte Schönheitskraft von Avocados, Mandeln und Honig. Schon nach der ersten Anwendung wirst du begeistert sein!

FÜR 1 ANWENDUNG
→ 80 g Haferflocken
→ 40 g Mandeln
→ 1 Avocado
→ 3 EL Honig

1. Haferflocken und Mandeln in einem Mixer zu Mehl verarbeiten. Avocado halbieren, entkernen und das Fruchtfleisch in einer Schüssel mit einer Gabel zerdrücken. Das Hafer-Mandel-Mehl unterrühren. Honig im Wasserbad schmelzen, zur Mischung in der Schüssel geben und alles zu einer zähflüssigen Masse vermengen.

2. Die Haut mit lauwarmem Wasser reinigen, dann das Peeling sanft kreisend mit den Fingern in die Haut einmassieren und 10–15 Min. einwirken lassen. Anschließend mit lauwarmem, dann mit kaltem Wasser abwaschen. Die Haut sanft trocken tupfen und anschließend eine pflegende Creme auftragen.

How it works

Dieses Peeling ist für jeden Hauttyp geeignet. Hafer wirkt stark entzündungshemmend und wird sogar zur Anwendung bei Akne empfohlen. Außerdem überzeugt Hafermehl in Kombination mit Mandeln durch eine sanfte Peeling-Wirkung, trägt tote Hautzellen ab und bringt deine Haut zum Strahlen. Avocado pflegt, wirkt Falten entgegen und versorgt deine Haut mit reichlich Feuchtigkeit.

Grüner Matcha-Pfirsich-Pudding

Dieser Pudding ist nicht nur ein tolles Frühstück, sondern eignet sich auch als Dessert oder Snack! Falls dir die Frühstücksportion zu üppig ist, heb dir einfach was für den kleinen Hunger zwischendurch auf.

FÜR 2 PERSONEN
EINWEICHZEIT: 15 MIN. |
ZUBEREITUNGSZEIT: 10 MIN. |
KÜHLZEIT: 20 MIN.
PRO PORTION: CA. 540 KCAL |
13 G E | 37 G F | 35 G KH

→ 4 EL Chia-Samen
→ 1 Banane
→ 1 Avocado
→ 2 Pfirsiche
→ 2 EL Hirseflocken
→ 2 TL Matcha-Pulver
→ 2 TL Agavendicksaft (nach Belieben)

1. Die Chia-Samen vorab etwa 15 Min. in 150 ml Wasser einweichen. Inzwischen die Banane schälen und vierteln. Die Avocado halbieren und das Fruchtfleisch herauslöffeln. Beides in einen Standmixer geben.

2. Die Pfirsiche waschen, das Fruchtfleisch würfeln und ebenfalls in den Standmixer füllen. Nun die eingeweichten Chia-Samen, Hirseflocken sowie das Matcha-Pulver zugeben. Wer es besonders süß mag, fügt etwas Agavendicksaft dazu.

3. Jetzt alles zu einer fein-cremigen Masse pürieren. In zwei Schälchen umfüllen und mind. 20 Min. in den Kühlschrank stellen, damit der Pudding noch etwas fester wird.

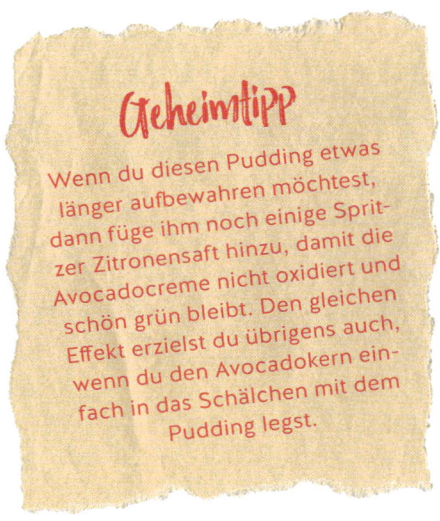

Geheimtipp

Wenn du diesen Pudding etwas länger aufbewahren möchtest, dann füge ihm noch einige Spritzer Zitronensaft hinzu, damit die Avocadocreme nicht oxidiert und schön grün bleibt. Den gleichen Effekt erzielst du übrigens auch, wenn du den Avocadokern einfach in das Schälchen mit dem Pudding legst.

Healing Smoothie-Bowl

Mit dieser Smoothie-Bowl entgiftest du schon am Morgen – ganz nebenbei und voller Genuss.

FÜR 2 PERSONEN
ZUBEREITUNGSZEIT: 10 MIN.
PRO PORTION: CA. 475 KCAL |
9 G E | 23 G F | 56 G KH

→ ½ Apfel
→ 100 g rote Trauben
→ ½ Avocado
→ 1 Stück Bio-Ingwer (ca. 1 cm lang)
→ 3 Datteln (entsteint)
→ 1 EL Hibiskus-Pulver
   (ersatzweise Acai-Pulver)
→ 4 EL Hirseflocken
→ 4 EL gepoppter Dinkel
→ 1 EL schwarzer Sesam

1. Den Apfel und die Trauben waschen. Den Apfel anschließend vierteln, das Kerngehäuse entfernen und die Viertel in Stücke schneiden. Die Trauben von den Stielen zupfen. Das Avocadofleisch aus der Schale löffeln. Alles in einen Mixer füllen.

2. Das Ingwerstück waschen und etwa eine teelöffelgroße Menge reiben. Die Datteln halbieren. Beides zusammen mit dem Hibiskus-Pulver und etwa 100 ml Wasser ebenfalls in den Mixer geben und alles zu einer dickflüssigen Masse pürieren.

3. Den Smoothie in Frühstücksschalen füllen. Mit Hirseflocken, Dinkel-Pops und Sesamkörnern bestreut genießen.

Healthy Facts

Die Hibiskuspflanze stammt ursprünglich aus Asien. Überbrüht man ihre getrockneten Blüten mit heißem Wasser erhält man den in aller Welt beliebten Tee, der auch Malventee genannt wird. Hibiskus hilft bei Erkältungen, Infekten, Kreislaufbeschwerden und Durchblutungsstörungen.

Schokoladige Birnen-Smoothie-Bowl

Nussig, schokoladig und leicht zugleich. Dieser glutenfreie Smoothie sättigt über lange Zeit und liefert reichlich Mineralien und Proteine.

FÜR 2 PERSONEN
ZUBEREITUNGSZEIT: 10 MIN.
PRO PORTION: CA. 550 KCAL |
18 G E | 27 G F | 49 G KH

→ 2 Birnen
→ 50 g Mandeln
→ 1 EL Kakaopulver
→ ½ Vanilleschote
→ Stevia (nach Belieben)
→ 150 ml Mandeldrink
→ 4 EL Buchweizenflocken
→ 4 EL gepuffte Quinoa
→ 2 EL geschälte Hanfsamen
→ 1 EL Kakao-Nibs

1. Die Birne waschen, würfeln und in einen Standmixer geben. Mandeln, Kakao und Vanilleschote hinzufügen. Wer es besonders süß mag, streut noch etwas Stevia ein. Zum Schluss den Mandeldrink hineingießen und alles fein pürieren.

2. Den Smoothie auf Schalen verteilen. Buchweizenflocken, Quinoa, Hanfsamen und Kakao-Nibs darüberstreuen, umrühren und genießen.

Berries on top

Ein Gedicht ist die Bowl mit warmer Himbeersauce! Hierfür 150 g Himbeeren waschen und klein schneiden. Mit 2 EL Apfelsaft in einem kleinen Topf 2–3 Min. erhitzen. (Du kannst auch TK-Himbeeren verwenden.) Den Topf anschließend vom Herd nehmen 2 TL Honig, 1 EL Chia-Samen und etwas Zimtpulver zufügen. Alles mit einem Pürierstab pürieren und zugedeckt 5 Min. beiseitestellen, damit die Sauce andicken kann.

Sunrays & Pomegranate Super-Bowl

Diese glutenfreie Bowl bringt die Energie der Sonne auf deinen Frühstückstisch. Das alles getoppt mit Granatapfelkernen, die massenhaft Antioxidantien liefern. Enjoy the sunshine, enjoy your morning!

FÜR 2 PERSONEN
ZUBEREITUNGSZEIT: 15 MIN.
PRO PORTION: CA. 475 KCAL |
11 G E | 17 G F | 67 G KH

→ ⅓ Ananas
→ 1 Banane
→ 100 g Naturjoghurt
   (ersatzweise veganer Joghurt)
→ 1 EL Honig
→ ½ Granatapfel
→ 2 EL Hanfsamen
→ 6 EL gepoppte Quinoa
→ 2 EL Kakao-Nibs

1. Die Ananas schälen und würfeln. Die Banane schälen und vierteln. Beides mit Joghurt und etwas Honig in einen Standmixer geben und alles fein pürieren.

2. Die Granatapfelhälfte nochmal halbieren und die Kerne herauslösen. Am besten in einer Schüssel voller Wasser, dann spritzt es weniger. Den Smoothie aus dem Mixer in zwei Schalen füllen. Die Granatapfelkerne hinzugeben. Hanfsamen, Quinoa-Pops und Kakao-Nibs darauf verteilen. Fertig!

Try this!

Green up your life mit dem heimischen Superfood Grünkohl! Wasche dazu 1 Handvoll Grünkohl, hacke ihn und gebe die Stücke zu den anderen Zutaten in den Standmixer. Streue außerdem 1 TL Spirulina-Pulver hinein. Püriere diesen Mix und füge, wenn nötig, etwas Wasser zu.

Quinoa-Shampoo

Etwas Sanfteres als dieses total natürliche Haarshampoo
gibt es kaum: Statt das Spülwasser vom Quinoa-Kochen
einfach wegzugießen, wäschst du dir damit die Haare.
Eine Win-Win-Situation für alle!

FÜR 1 ANWENDUNG
→ 100 ml Quinoa-Spülwasser
→ Lavendelblüten oder natürliches
   Aromaöl (nach Belieben)

1. Das Spülwasser vom Reinigen der
Quinoa nicht weggießen, sondern in ein
Schraubglas füllen. Wenn du magst,
kannst du das Wasser mit 1 EL Lavendelblüten oder 1 Spritzer Aromaöl deiner Wahl
zusätzlich aromatisieren.

2. Zum Haarewaschen einfach das
Quinoa-Shampoo in die feuchten Haare
geben und sie wie gewohnt damit waschen.
Oder dein gewohntes Shampoo mit dem
Quinoa-Shampoo verdünnt anwenden.

Wirkung

In den Quinoa-Schalen befinden
sich Saponine. Sie sorgen zum Beispiel auch für die Reinigungswirkung
von Waschnüssen. Die Bezeichnung
Saponine kommt vom lateinischen
Wort für Seife (sapo). Wenn du das
Quinoa-Haarwasser kräftig schüt-
telst, bildet sich sofort ein seifenar-
tiger Schaum. Und so reinigend wie
Seife wirken Saponine auf dein
Haar – ganz ohne Nebenwirkungen
oder belastende Stoffe. Zudem gehen auch Nährstoffe von der Quinoa
in das Shampoo über, sodass es
dein Haar stärkt und samtig weich
werden lässt.

Beeriger Kokoskuss

Unkompliziert, schnell, gesund ... Eigenschaften, die zu 100 Prozent auf diesen Frühstücksshake zutreffen, der super schmeckt und ein leicht verdaulicher und zugleich sättigender Start in den Tag ist.

FÜR 2 PERSONEN
EINWEICHZEIT: 10 MIN. |
ZUBEREITUNGSZEIT: 10 MIN.
PRO PORTION: CA. 720 KCAL |
17 G E | 46 G F | 55 G KH

→ 2 EL Sonnenblumenkerne
→ 1 EL Chia-Samen
→ 250 g Kokosmilch
→ 1 reife Banane
→ 5 Datteln (entsteint)
→ 200 g Erdbeeren
→ 70 g zarte Haferflocken
→ 2 EL Kokosflocken

1. Zunächst die Sonnenblumenkerne und die Chia-Samen etwa 10 Min. in 100 g Kokosmilch einweichen. Unterdessen die Bananen schälen, vierteln und in einen Standmixer geben. Die Datteln in kleine Stücke schneiden, damit sie vom Mixer besser erfasst und zerkleinert werden können, und ebenfalls in den Mixbehälter geben. Eingeweichte Chia-Samen und Sonnenblumenkerne zufügen.

2. Erdbeeren waschen, das Grün entfernen, die Beeren halbieren. Zusammen mit den Hafer- und Kokosflocken sowie 150 ml Wasser und der restlichen Kokosmilch in den Mixer geben und zu einem cremigen Shake mixen.

Glutenfreie Variante

Hafer ist glutenarm und wird von vielen Menschen gut vertragen. Für eine absolut glutenfreie Alternative kannst du den Drink statt mit Hafer auch mit rohem Buchweizen zubereiten. Dazu am Vorabend etwa 100 g Buchweizen in der doppelten Menge Wasser einweichen und zugedeckt beiseitestellen. Am Morgen das Wasser abgießen und den Buchweizen gut abspülen. Dann bereitest du den Drink wie oben beschrieben zu. Enjoy!

Dinkel-Mango-Delight

Der Geschmack von heimischen Dinkelflocken trifft hier auf das Aroma einer tropischen Mango. Im Duo verwandeln sie sich zu einem leuchtenden Drink, der den Körper schon früh am Morgen mit Energie, Vitaminen und Mineralstoffen versorgt.

FÜR 2 PERSONEN
ZUBEREITUNGSZEIT: 10 MIN.
PRO PORTION: CA. 420 KCAL |
12 G E | 17 G F | 53 G KH

→ 1 reife Mango
→ 4 Datteln (entsteint)
→ 80 g Dinkelflocken
→ 50 g Mandeln
→ ½ TL Zimtpulver
→ 300 ml Mandeldrink

1. Die Mango schälen, das Fruchtfleisch vom Kern schneiden und die Mangostücke in einen Standmixer geben. Die Datteln in kleine Stücke schneiden und ebenfalls in den Mixer füllen.

2. Die Dinkelflocken gefolgt von den Mandeln, etwas Zimt und dem Mandeldrink ebenfalls in den Mixer geben und alles fein pürieren.

Für Zwischendurch

Dieser Drink eignet sich auch als kleine Zwischenmahlzeit. Für alle, die an einem süßen jedoch frischen und natürlichen Geschmack Freude finden, ist dieses bekömmliche Getränk genau das Richtige. Dabei hält es fit und hilft über Energietiefs bei der Arbeit hinweg. Bereite am Morgen doch einfach die doppelte Menge zu und nimm dir eine große Portion in einer Schraubflasche oder Thermoskanne an deinen Arbeitsplatz mit.

Green Banana-Rice-Shake

Lust auf grüne Power zusammen mit glücklich machenden Bananen und Haselnusskernen? Einmal gemixt und schon gibt es Happiness im Glas.

FÜR 2 PERSONEN
EINWEICHZEIT: 30 MIN. |
ZUBEREITUNGSZEIT: 10 MIN.
PRO PORTION: CA. 615 KCAL |
11 G E | 21 G F | 95 G KH

→ 80 g Reisflocken
→ 300 ml Reisdrink
→ 2 reife Bananen
→ 4 Datteln (entsteint)
→ 1 kleine Handvoll Feldsalat
→ 5 EL Apfelmus
→ 60 g Haselnusskerne
→ 1 EL Weizengraspulver
→ 1 TL Zimtpulver

1. Die Reisflocken etwa 30 Min. in 150 ml Reisdrink einweichen.

2. Die Bananen schälen und vierteln, die Datteln klein schneiden. Beides in einen Standmixer geben. Eingeweichte Reisflocken zufügen. Den Feldsalat waschen und ebenfalls in den Mixer geben. Die übrigen Zutaten nacheinander hinzufügen und mit dem restlichen Reisdrink auffüllen. Alles fein pürieren, bis ein cremiger Shake entstanden ist.

Good to know

Falls dein Standmixer mit Nüssen und anderen harten Zutaten schnell überfordert ist, kannst du die Haselnusskerne und Datteln auch vor den restlichen Zutaten in 150 ml Reisdrink pürieren. Erst jetzt Bananen, eingeweichte Reisflocken und den wunderbaren Rest hinzugeben.

>> Tu' deinem Körper Gutes, damit deine Seele Lust hat, darin zu wohnen. <<

TERESA VON ÁVILA

Breakfast-Popsicles

Dieses Frühstück tut besonders an sehr heißen Sommertagen gut, wenn die Hitze dich schon am frühen Morgen begrüßt und du eigentlich noch keinen richtigen Hunger hast. Schmeckt natürlich auch als erfrischend-süßer Sommer-Snack.

FÜR 6 POPSICLES (À 50 ML)
ZUBEREITUNGSZEIT: 10–15 MIN. |
GEFRIERZEIT: 8 STD. (ÜBER NACHT)
PRO STÜCK: CA. 95 KCAL |
2 G E | 5 G F | 10 G KH

→ 1 Banane
→ 50 g Himbeeren
→ 2 EL gepoppte Quinoa
  (ersatzweise 2 EL zarte Haferflocken)
→ ½ Vanilleschote
→ ½ TL Zimtpulver
→ 1 EL Agavendicksaft
→ 80 g Kokosmilch
→ 50 g Joghurt
  (ersatzweise veganer Kokosjoghurt)
→ 30 g Granola
  (ersatzweise Knuspermüsli)

1. Für das Früchtepüree die Banane schälen und vierteln. Die Himbeeren waschen, trocken tupfen und die Früchte in einen Standmixer geben. Vanilleschote grob zerkleinern und zu den Früchten hinzugeben. Alle weiteren Zutaten bis auf den Joghurt und das Granola hinzufügen und fein pürieren. Joghurt und Granola in einem Schälchen vermischen.

2. Eisförmchen zur Hälfte mit dem Granola-Joghurt und dann mit dem Püree füllen. Anschließend mit einem Stabdeckel verschließen oder Eisstäbchen aus Holz in die Masse stecken, und die Förmchen über Nacht ins Gefrierfach stellen.

3. Am nächsten Morgen das Eis aus dem Gefrierfach nehmen, 3–4 Min. antauen lassen und dann das Eis am Stiel genießen!

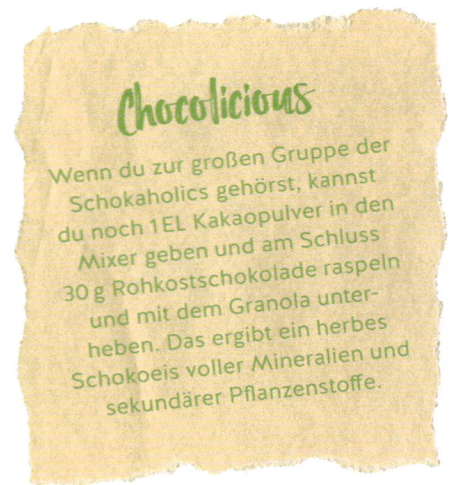

Chocolicious

Wenn du zur großen Gruppe der Schokaholics gehörst, kannst du noch 1 EL Kakaopulver in den Mixer geben und am Schluss 30 g Rohkostschokolade raspeln und mit dem Granola unterheben. Das ergibt ein herbes Schokoeis voller Mineralien und sekundärer Pflanzenstoffe.

Buzzwords

Hier findest du noch mehr healthy facts zu vielen tollen Müsli-Zutaten.

ACAI-PULVER
wird aus den Beeren der Kohlpalme gewonnen und strotzt vor Antioxidantien, Vitaminen und Mineralstoffen.

BLÜTENPOLLEN
Immer Bio-Ware verwenden, denn die Pollen stecken voller sekundärer Pflanzenstoffe, Proteine, Vitamin A, B2 und C.

CASHEWKERNE
sind keine Nüsse, sondern Früchte, die voll gepackt sind mit Eiweiß (20 %), Magnesium und Phosphor.

CHLORELLA
ist eine Mikroalge mit unschlagbar hohem Chlorophyllgehalt. Ihr einzigartiges Nährstoffprofil bietet unserem Organismus eine Turbo-Detox.

CRANBERRYS
sind besonders effektive Radikalfänger. Außerdem können sie Blasenentzündungen und andere Entzündungen vorbeugen. Die nordamerikanischen Beeren sind enge Verwandte unserer Preiselbeeren.

GEFRIERGETROCKNETE BEEREN UND BANANEN
überzeugen durch einen besonders intensiven Geschmack. Dank dem schonenden Verfahren bleibt ein Großteil der Vitalstoffe erhalten.

GERSTENGRAS
Siehe Seite 60.

GOJI-BEEREN
sind nicht nur reich an Antioxidantien, Vitamin C und B-Vitaminen, sondern enthalten auch komplettes Protein, sprich alle essenziellen Aminosäuren, die der Körper nicht selbst herstellen kann. Wichtig: Konventionelle Goji-Beeren werden oft stark mit Pestiziden behandelt, deshalb lieber zu Bio-Produkten greifen!

GRANATAPFEL
Steckt voller Antioxidantien und entzündungshemmenden Phytonährstoffen. Sein Plus: viel entwässerndes Kalium.

GRÜNER TEE
Als Freie Radikale-Fänger ein Anti-Aging-Mittel par excellance!

HANF
Siehe Seite 35.

HASELNÜSSE
besitzen einen hohen Anteil an ungesättigten Fettsäuren, heilende Wirkung auf Haut und Darm sowie einen hohen Lezithingehalt – der ist wichtig fürs Gehirn!

HIBISKUS-PULVER
regt den Stoffwechsel an, entschlackt und wirkt antibakteriell.

HONIG
wirkt präbiotisch, versorgt die guten Darmbakterien also mit reichlich Nahrung. Außerdem hat er einen stark antibakteriellen Effekt.

KOKOSÖL
Siehe Seite 61.

MACA

Ideal in besonders stressigen Zeiten! Es fördert die Regeneration der Nebenniere, des Orts im Körper, an dem Adrenalin produziert wird. Und aphrodisisch soll es obendrein wirken.

MANDELN

sind reich an Vitamin E und Kalzium. Stärken unsere Knochen und wirken entzündungshemmend.

MATCHA

ist japanisch und bedeutet »gemahlener Tee«. Bei der Herstellung werden alle Bestandteile des Teeblatts verwendet, sodass hier besonders viele der wertvollen sekundären Pflanzenstoffe enthalten sind. Außerdem macht Matcha besonders schnell und effektiv wach, erhöht deine Leistungs- und Konzentrationsfähigkeit, regt den Stoffwechsel an und versorgt dich mit starken Antioxidantien.

MOHN

ist reich an Mineralstoffen wie Kalzium, Eisen und Mangan.

PEKANNÜSSE

sind mit Walnüssen verwandt, senken den Cholesterinspiegel und besitzen viel antioxidatives Wirkpotenzial.

PFEFFERMINZE

wirkt als ätherisches Öl in der Aromatherapie gegen Kopfschmerzen und in unserem Essen gegen Verdauungsstörungen.

PISTAZIEN

sind Steinfrüchte, keine Nüsse, aber wen kümmert's. Sie sind eine hervorragende Kaliumquelle – gut für die Verdauung und zur Entwässerung.

ROSINEN

bestehen zu 75 Prozent aus Zucker, liefern also schnell Energie. Auch die Vitalstoffe der Traube findest du hier in konzentrierter Form vor, etwa Kalium, Kalzium, Eisen und Magnesium. Kauf sie am besten ungeschwefelt – bei bio ist das immer der Fall.

SESAM

Siehe Seite 35.

SONNENBLUMENKERNE

sind mineralstoffreich, regional und eine großartige Proteinquelle.

SPINAT

steckt voller Chlorophyll, das entgiftet und harmonisiert. Außerdem schenkt er uns eine Vielfalt an sekundären Pflanzenstoffen, schmeckt zugleich jedoch mild und passt in fast jedes Gericht.

SPIRULINA

ist vom Geschmack her gewöhnungsbedürftig, aber dank des besonderen Vitalstoffcocktails der Alge lohnt sich das Herantasten. Unter anderem unterstützt sie uns bei der Entgiftung und stärkt das Immunsystem.

WALNÜSSE

verfügen über besonders viel Omega-3-Fettsäuren – das ist gut für dein Herz.

WEIZENGRAS

Siehe Seite 60.

ZIMT

senkt den Cholesterin- und Blutzuckerspiegel, regt den Stoffwechsel an, hilft bei der Fettverbrennung – und schmeckt obendrein auch noch lecker!

Register

Hier sind neben den Rezeptnamen auch einige Hauptzutaten aufgelistet. Glutenfreie Rezepte sind farblich hervorgehoben.

Appetit auf mehr?

ISBN 978-3-8338-5938-0

ISBN 978-3-8338-5939-7

ISBN 978-3-8338-5940-3

Willkommen im Leben.

Mehr von GU auf **www.gu.de** und
facebook.com/gu.verlag

Impressum

© 2017 GRÄFE UND UNZER VERLAG GmbH, München

Alle Rechte vorbehalten. Nachdruck, auch auszugsweise, sowie Verbreitung durch Bild, Funk, Fernsehen und Internet, durch fotomechanische Wiedergabe, Tonträger und Datenverarbeitungssysteme jeder Art nur mit schriftlicher Genehmigung des Verlages.

Konzept: Marline Ernzer, Stefanie Poziombka

Projektleitung: Marline Ernzer

Lektorat: Janette Schroeder

Korrektorat: Petra Bachmann

Bildredaktion: Marline Ernzer

Innen- und Umschlaggestaltung: Anzinger und Rasp Kommunikation GmbH, München

Herstellung: Martina Koralewska

Satz: L42 AG, Berlin

Reproduktion: Medienprinzen, München

Druck und Bindung: F+W Druck- und Mediencenter, Kienberg

Printed in Germany

ISBN 978-3-8338-5941-0

1. Auflage 2017

Die GU-Homepage finden Sie unter www.gu.de

GRÄFE UND UNZER

Ein Unternehmen der
GANSKE VERLAGSGRUPPE

 www.facebook.com/gu.verlag

DIE AUTORIN

Chantal Sandjon ist Ernährungswissenschaftlerin, Rohkost-Enthusiastin und Mutter einer kleinen Tochter. Ihre Begeisterung für gesunde Ernährung kann man ihren wunderbaren Müsli-Rezepten entnehmen. Bei GU ist zuletzt von ihr die *Rainbow Kitchen* erschienen.

DIE FOTOGRAFIN

Barbara Bonisolli ist eine erfolgreiche Foodfotografin und Kochbuchautorin. Sie lebt seit mehr als 15 Jahren mit Mann und Kindern auf dem Land. Zusammen mit ihrem Team **Zeynep Jansen, Anja Prestel und Alina Neumeier** hat sie die leckeren Müsli-Rezepte gekonnt in Szene gesetzt.

BILDNACHWEIS

Alle Fotos: Barbara Bonisolli, München

Titelfoto und U4: Nicky Walsh, Berlin

Weitere Fotos: iStock: S. 2, 6, 24, 61 (o.li., o.re, u.re.), 70, 82, 96; Shutterstock: S. 22, 60 (li.), 118; Stocksy: S. 42, 72

Illustrationen: Tanja Meyer, Bonn
Ein großes Dankeschön an unsere Handmodels **Nina Birkelbach,** Berlin, **Zeynep Jansen, Anja Prestel, Alina Neumeier** und **Barbara Bonisolli,** München.

TITELREZEPT

Crunchy Pekan-Granola (S. 26) mit frischen Früchten und Joghurt.

Syndication:

www.seasons.agency

Liebe Leserin, lieber Leser,

haben wir Ihre Erwartungen erfüllt? Sind Sie mit diesem Buch zufrieden? Haben Sie weitere Fragen zu diesem Thema? Wir freuen uns auf Ihre Rückmeldung, auf Lob, Kritik und Anregungen, damit wir für Sie immer besser werden können.

GRÄFE UND UNZER Verlag
Leserservice
Postfach 86 03 13
81630 München
E-Mail:
leserservice@graefe-und-unzer.de

Telefon: 00800 / 72 37 33 33*
Telefax: 00800 / 50 12 05 44*
Mo–Do: 9.00 – 17.00 Uhr
Fr: 9.00 – 16.00 Uhr
(* gebührenfrei in D, A, CH)

Ihr GRÄFE UND UNZER Verlag
Der erste Ratgeberverlag – seit 1722.

Umwelthinweis:
Dieses Buch ist auf PEFC-zertifiziertem Papier aus nachhaltiger Waldwirtschaft gedruckt.

Umschlag: ZanpacTouch

Backofenhinweis:
Die Backzeiten können je nach Herd variieren. Die Temperaturangaben in unseren Rezepten beziehen sich auf das Backen im Elektroherd mit Ober- und Unterhitze und können bei Gasherden oder Backen mit Umluft abweichen. Details entnimmst du bitte deiner Gebrauchsanweisung.